Firs

Valentino Armani

First Italian Reader for Beginners Volume 2

Bilingual for Speakers of English

Elementary (A2)

LANGUAGE
PRACTICE
PUBLISHING

First Italian Reader for Beginners, Volume 2
by Valentino Armani

Series title: Graded Italian Readers, Volume 2

Audio tracks: www.lppbooks.com/Italian/FIRv2/En/

Homepage: www.audiolego.com

Indice
Table of contents

The audio tracks

The book is equipped with audio tracks. With the help of QR codes, call up an audio track in no time, without typing a web address manually. VLC media player is an app to control the playback speed.

1

Il gatto malato

The sick cat

A

Vocaboli
Words

1. adesso - now
2. allegro - glad, happy
3. altro - other
4. alzarsi - get up
5. anche - also
6. ancora - again
7. animale domestico, l' -pet
8. attentamente - closely
9. bene - well
10. casa, la - home
11. certo, naturalmente - of course
12. che - that
13. chiaro - clear
14. compra - buys
15. con - with
16. corre - run
17. cosa - what
18. così - so
19. cucina, la - kitchen
20. da - from

21. davanti - in front of
22. del tutto - absolutely
23. dice - says, telling
24. dopo - later
25. dorme - sleep
26. dovrebbe - should
27. due - two
28. e - and
29. è - is
30. egli, lui - he
31. era - was
32. esso - it
33. fa - does
34. forse - maybe
35. fuori - out
36. g qui - right here
37. gabbia, la - (the) cage
38. gatto, il - cat
39. giocare - play
40. giocattoli, i - toys
41. giorno, il - day
42. grande - big
43. guardare - look
44. ha - has
45. il, lo; la - the
46. in - in
47. in, verso, da - to
48. interessante - interesting
49. io - I
50. io sono - I'm
51. là - there
52. lascerebbe - would
53. lasciare - leave
54. loro, a loro - them
55. ma - but
56. malato - sick
57. mangiare - eat
58. molto - a lot, very
59. muovere - move
60. negozio, il - shop
61. nessuno, non, - no
62. non - not
63. non è - isn't
64. non fa - doesn't
65. non faccio - don't
66. non si preoccupi - don't worry
67. oggi - today
68. oh - ooh
69. osserva - watching
70. parla - taking
71. perché - why
72. piccolo - little
73. più interessante - most interesting
74. poi - then
75. posto, il - place
76. preoccupazione, la - worry
77. prescritti - required
78. proprietario, il - owner
79. proprio - own
80. qualche volta - sometimes
81. quando - when
82. quasi - almost
83. qui, qua - here
84. rallegrarsi - be glad
85. respirando - breathing
86. ricordare - remember
87. risponde - answers
88. sano - healthy

89. sdraiato - lying
90. senza - without
91. sera, la - evening
92. settimana, la - week
93. sguardo, lo - gaze
94. solo - just, only
95. sono - are
96. sorpreso - surprised
97. strano - strange
98. su; presso; da, verso, in - at
99. successo - happened
100. suo - its
101. suppone - supposes
102. telefona - phones
103. topi, i - rats

104. topo, il - mouse
105. triste - sadly, upset
106. tu, Lei - you
107. tutti - all
108. tutto - everything, whole
109. un, uno - a. one
110. va - goes
111. vaccinazioni, le - vaccinations
112. vedere - see
113. venditore, il - salesman
114. venire, - come
115. verità, la - truth
116. verso il basso - down

B

Robert si reca in un negozio di animali. Compra un gattino. È molto contento. Ma una settimana dopo Robert telefona al negozio di animali e dice che il gatto è malato. Non corre e non gioca.

"È strano!" dice il venditore. "Il gatto è del tutto sano. Ha fatto tutte le vaccinazioni prescritte! Ricordo bene che era un gatto allegro."

"Anche io sono molto sorpreso!" dice Robert. "Ma adesso rimane tutto il giorno sdraiato solo in un posto e si muove a malapena."

"Forse dorme molto?" suppone il pro-

Robert goes to a pet shop. He buys a little cat. He is very glad, but a week later Robert phones the pet shop and says that the cat is sick. It does not run and play.

"That is strange!" the salesman says, "The cat is absolutely healthy. It has all the required vaccinations! I remember well what a happy cat it was."

"I'm also very surprised!" Robert says, "But now it lies in one place the whole day and almost doesn't move."

"Maybe it sleeps a lot?" the pet shop

prietario del negozio.

"No, non dorme", risponde triste Robert. "Se ne sta solo stravaccato e non si muove. Solo ogni tanto viene in cucina per mangiare. Ma poi si sdraia nuovamente e non si alza."

Il proprietario del negozio si accorge che Robert è molto triste.

"Non si preoccupi. Oggi passerò da lei e controllerò che cosa è successo al gatto", dice.

La sera arriva a casa da Robert e osserva il gatto. Vede che Robert dice la verità. Il gatto non corre e non gioca. Se ne sta solo stravaccato e si muove appena... e davanti a lui c'è una grande gabbia con due topi - gli altri animali domestici di Robert. Il gatto rimane disteso e respira appena - osserva attentamente i topi, senza staccare lo sguardo da loro.

"Oh", dice il propretario del negozio di animali. "Certo, adesso è tutto chiaro. Perché dovrebbe correre in giro se il giocattolo più interessante è già qui? Quale gatto lascerebbe volontariamente un topo da solo?"

owner supposes.

"No, it doesn't sleep," Robert answers sadly, "It just lies and doesn't move. Only sometimes it comes to the kitchen to eat. But then it lies down again and doesn't get up."

The owner of the pet shop sees that Robert is very upset.

"Don't worry. I'll come to you today and I will see what happened to the cat," he says.

He comes to Robert's home in the evening to look at the cat. He sees that Robert is telling the truth. The cat doesn't run and play. It lies and almost doesn't move... and in front of it there is a big cage with two rats - Robert's other pets. The cat is lying down and almost isn't breathing - it is watching the rats so closely without taking its gaze from them.

"Ooh," the owner of the pet shop says, "Of course, everything is clear now. Why should it run and play when the most interesting toys are right here. What cat would leave a mouse out of its own will?"

Audio track

2

Il criceto si salvò da solo

The hamster saved itself

A

Vocaboli

Words

1. a lei dispiace, le dispiace - feels sorry
2. a me, me - me
3. abbraccia - hugs
4. acqua, l' - water
5. acquario, l' - aquarium
6. aiutare - help
7. allegra - cheerful
8. amici, gli - friends
9. anche - too
10. ancora - still
11. animale, l' - animal
12. arriva, viene - comes
13. attiva, attivo - active
14. avere - have
15. avere paura - be afraid
16. beve - drinks

17. bevendo - drinking
18. buono - good
19. casa, la - house
20. caso, il - case
21. ciao - hi
22. ciotola per bere, la - cup
23. come - how
24. comprare - buy
25. conosciuto, noto - acquainted
26. corsa, la; correre, il - running
27. criceto, il - hamster
28. da, presso, a - by
29. davvero - really
30. di Anna - Ann's
31. di Robert - robert's
32. di, riguardo a, su - about
33. dolci, i - sweets
34. dorme - asleep, sleeps
35. dormendo - sleeping
36. dormire - sleep
37. esattamente - exactly
38. fa una visita, visita, va a trovare - pays
    a visit
39. fare male - hurt
40. fare volentieri qualcosa - like
41. fiori, i - flowers
42. fissa - stares
43. frutti, i; - fruits
44. fuori - outside
45. già - already
46. ho bisogno di - need
47. in comune - common
48. in un istante, subito - immediately
49. in, dentro - into

50. inizia - starts
51. lei - she
52. lei, a lei - her
53. letto, il - bed
54. lui, lo; a lui, gli - him
55. malato - ill
56. mattino, il - morning
57. meglio - better
58. mia - my
59. migliorare - improve
60. molto - much
61. mostra - shows
62. noi - we
63. normalmente - usually
64. nostri - our
65. notte, la - night
66. nuovo - new
67. o, oppure - or
68. offrire, proporre - offer
69. ogni - every
70. osserva - looks
71. pensa - thinks
72. per - for
73. però - however
74. persino, perfino - even
75. pesce, il - fish
76. piacere, amare - likes
77. porta - brings
78. potere - can
79. qualcosa, un po' - something
80. questa - this
81. questi - these
82. racconta - tells
83. regalare - give

84. regali, i - gifts
85. regalo, il - present
86. ridendo - laughing
87. ridono - laugh
88. rumoroso, chiassoso - loudly
89. ruota per correre - wheel
90. sa - knows
91. salvato - saved
92. salve - hello
93. scaccia - chases
94. se stessa - herself
95. sembra - seems
96. sempre - always
97. sente - feels
98. si accorge, capisce - realizes
99. si chiama - named
100. si pulisce - cleaning
101. si siede - sits
102. si sveglia - wakes up
103. si, a se stesso - itself
104. silenzioso - quiet
105. smettere - stop
106. sono - am
107. sorprendere - surprise
108. sorride - smiles
109. spero - hope
110. sta seduto, siede - sitting
111. stanza, la - room
112. storia, la - story
113. tardi - late
114. tu sei; Lei è (forma cortese) - ou're
115. tuo - your
116. umore, l' - mood
117. un, uno - an
118. vede - sees
119. via - away
120. viene fuori, esce - gets off
121. visita - visits
122. volere - want
123. vuole - wants

B

Ann, l'amica di Robert, è malata. Robert le fa visita ogni giorno. Qualche volta le porta dei regali. Normalmente le porta dei fiori, della frutta o dei dolci. Ma oggi desidera farle una sorpresa. Robert sa che Ann ama molto gli animali. Ann ha già un gatto che si chiama Tom. Però, normalmente Tom sta fuori. E Robert vuole regalare a Ann un animale che stia sempre in

Robert's friend Ann is ill. Robert pays a visit to Ann every day. Sometimes Robert brings gifts for her. He usually brings her flowers, fruits or sweets. But today he wants to surprise her. Robert knows that Ann likes animals very much. Ann already has a cat named Tom. However Tom is usually outside. And Robert wants to give Ann an animal that will always be at ho-

casa. Robert va in un negozio di animali.

"Salve", dice Robert a un commesso nel negozio di animali.

"Salve", risponde il commesso, "Come posso autarla?"

"Vorrei acquistare un animale per la mia amica", dice Robert. Il commesso ci pensa su.

"Le posso proporre un acquario con i pesci", dice. Robert guarda l'acquario con i pesci.

"No. Un pesce è troppo silenzioso, e Ann è allegra e attiva", risponde Robert. Il commesso sorride.

"In questo caso la sua amica sarà felice di questo animale", dice il commesso mostrando un piccolo criceto. Robert sorride.

"Ha ragione", dice Robert, "Questo è esattamente ciò di cui ho bisogno!"

Robert compra due criceti. Compra anche una gabbia. Nella gabbia per criceti c'è tutto - una ciotola per bere, una ruota per correre e persino un posticino per dormire.

La sera Robert va da Ann.

"Ciao Ann", dice Robert. "Come stai?"

"Ciao Robert", risponde Ann, "Oggi sto già molto meglio."

me. Robert goes to a pet shop.

"Hello," Robert says to a salesman at the pet shop.

"Hello," the salesman answers, "How can I help you?"

"I'd like to buy an animal for my friend," Robert says. The salesman thinks.

"I can offer you an aquarium fish," the salesman says. Robert looks at the aquarium fish.

"No. A fish is too quiet, and Ann is cheerful and active," Robert answers. The salesman smiles.

"In this case, your friend will be glad to get this animal," the salesman says and shows a little hamster. Robert smiles.

"You're right," Robert says, "This is exactly what I need!"

Robert buys two hamsters. He also buys a cage. There is everything in the hamster house - a cup for drinking, a wheel for running, and even a little bed.

In the evening Robert comes Ann's.

"Hi Ann," Robert says, "How are you?"

"Hi Robert," Ann answers, "I am much better today."

"Ann, desidero davvero tirare su il tuo umore", dice Robert. "Spero ti piaccia questo regalo."

Ann guarda sorpresa Robert. Robert mostra a Ann la gabbia con i criceti. Ann inizia a ridere, ed abbraccia Robert.

"Grazie Robert! Mi piacciono molto i criceti. A volte ho l'impressione che io e te abbiamo qualcosa in comune", dice Ann. Pure Robert ride. In tarda serata Robert va a casa. Ann va a letto. Il gatto Tom va in camera di Ann.

"Tom, presentati. Questi sono i nostri nuovi amici - i criceti Willy e Dolly", racconta Ann al gatto. Tom si siede accanto alla gabbia e fissa i criceti. Dolly dorme già e Willy corre nella ruota.

"Tom, non fare del male ai nostri nuovi amici! Dormite bene", dice Ann. E va a dormire.

L'indomani mattina, Ann si sveglia e vede che Tom è seduto accanto alla gabbia. Dolly si pulisce e Willy corre sempre nella ruota. Ann capisce che il gatto è rimasto seduto per tutta la notte accanto alla gabbia ad osservare Willy. E Willy ha avuto paura di smettere di correre. Ann si dispiace per Willy. Scaccia Tom dalla gabbia. Willy esce dalla ruota e va nella ciotola a bere. Dopodiché il criceto crolla in un istante e si addormenta. Dorme per tutto il

"Ann, I really want to improve your mood," Robert says, "I hope you like this present."

Ann looks at Robert in surprise. Robert shows Ann the cage with the hamsters. Ann starts laughing. She hugs Robert.

"Thank you, Robert! I like hamsters very much. Sometimes it seems to me that we have something in common," Ann says. Robert laughs too. Robert goes home late at night. Ann goes to bed. The cat Tom comes into Ann's room.

"Tom, get acquainted. These are our new friends - hamsters named Willy and Dolly," Ann tells the cat. Tom sits down by the cage and stares at hamsters. Dolly is already sleeping, and Willy is running in the wheel.

"Tom, don't hurt our new friends. Good night to you all," Ann says. Ann goes to sleep.

In the morning Ann wakes up and sees that Tom is sitting by the cage. Dolly is cleaning herself, and Willy is still running in the wheel. Ann realizes that the cat was sitting by the cage and was watching Willy the whole night. And Willy was afraid to stop. Ann feels sorry for Willy. She chases Tom away from the cage. Willy gets off the wheel, comes to the water cup and drinks. Then the hamster immediately falls down and falls asleep. It

giorno. La sera viene Robert e Ann gli racconta la storia del criceto. Robert e Ann ridono forte. Il criceto Willy si sveglia e li fissa.

sleeps the whole day. In the evening Robert comes and Ann tells him the story about the hamster. Robert and Ann laugh loudly and the hamster Willy wakes up and stares at them.

3

Un salvatore

A rescuer

 A

Vocaboli
Words

1. ad un altro - another
2. albero, l' - tree
3. alcuni - some
4. ama - loves
5. amico, l' - friend
6. andare a passeggio con il cane - walk the dog
7. animali domestici, gli - pets
8. attacca - attacks
9. camminando, passeggiando - walking

10. cane, il - dog
11. capisce - understands
12. chiama - calls
13. chiede - asks
14. college, il - college
15. come - as
16. coraggioso - brave
17. corre - runs
18. del suo gatto - his cat's
19. delicatamente - quietly
20. dimentica - forgets
21. dopo - after
22. fare jogging - jogging
23. ferocemente - furiously
24. fossi, saresti - were
25. furioso - furious
26. ghepardo, il - cheetah
27. guinzaglio, il - leash
28. gustoso, appetitoso - tasty
29. ha bisogno di - needs
30. i loro - their
31. inclinato - tilted
32. incontrare - meet
33. indietro - back
34. lato, il - side
35. mangime, il; cibo, il - food
36. mattino, il - morning
37. mi scusi - Excuse me
38. momento, il - moment
39. mordere - bite

40. nei dintorni, nelle vicinanze - neighboring
41. nome, il - name
42. non riesce - can't
43. osserva - watches
44. parco, il - park
45. parente, il - relative
46. più vicino - nearest
47. primo - first
48. problema, il - problem
49. proprietari, i - owners
50. ragazza, la - girl
51. ramo, il - branch
52. ringhia - growls
53. ringhiare, il - growl
54. salta - jumps
55. salvatore, il - rescuer
56. se - if
57. si arrampica - climbs
58. si chiama - called
59. succede - going on
60. suo - his
61. supermercato, il - supermarket
62. tempo, il (cronologico) - time
63. tenere - hold
64. testa, la head
65. ti prendi cura di - care
66. urla - cries
67. velocemente - quickly
68. velocità, la - speed
69. verso - towards

B

Anche David, l'amico di Robert, ha un gatto. Lui gli vuole molto bene. Il nome del suo gatto è Marte. Ma David lo chiama "Buddy". Dopo il college David va tutti i giorni al supermercato a comprare del cibo appetitoso per il gatto. Un giorno Robert dice a David: "Ti prendi cura del tuo gatto come se fosse un tuo parente."

David ride e gli racconta la sua storia. Ogni mattina David va a fare jogging nel parco del suo quartiere / nelle vicinanze. A quell'ora i proprietari vanno a passeggio con i loro animali domestici. Una volta David vede correre verso di lui una ragazzina che ha al guinzaglio un grosso cane.

"Signore, signore!" urla la ragazza. David pensa che la ragazza abbia un problema e che abbia bisogno di aiuto. Cammina velocemente per andare incontro alla ragazza con il cane.

"Cos'è successo?" chiede David. La ragazza e il cane corrono verso David.

"Mi scusi signore, ma il mio cane la morderà immediatamente! Non riesco a fermarlo", dice la ragazza. In un primo momento David non capisce cosa stia succedendo. Ma quando il cane lo aggredisce e gli ringhia feroce, David si mette a correre con la velocità

Robert's friend David has a cat too. He loves his cat very much. His cat's name is Mars. David calls him "Buddy." David comes into the supermarket every day after college and buys some tasty food for the cat. One day Robert says to David: "You care about your cat as if he were a relative."

David smiles and tells his story. David goes jogging in the neighboring park every day in the morning. Pet owners are walking their pets in the park at this time. One time David sees a little girl running towards him with a big dog on a leash.

"Mister, Mister!" the girl cries. David thinks that the girl has a problem and she needs help. He goes quickly to meet the girl with the dog.

"What happened?" David asks. The girl and the dog run up to David.

"Excuse me, Mister, but my dog will bite you right now! I can't hold it back," the girl says. At first David doesn't understand what is going on. But when the dog attacks him and furiously growls, David runs to the nearest tree with the speed of a cheetah. At this

di un ghepardo verso l'albero più vicino. In quel momento dall'albero salta un grosso gatto e si mette a correre al lato. Il cane si dimentica subito di David e insegue ringhiando il gatto. Il gatto corre verso un altro albero e si arrampica su di esso. Il cane salta ringhiando furioso ma non riesce ad acchiappare il gatto sull'albero. Così il gatto si sdraia delicatamente su un ramo e osserva il cane in silenzio e con la testa chinata. Ora quel gatto coraggioso si chiama Marte.

moment a big cat jumps down from the tree and runs to the side. The dog forgets about David immediately and chases the cat with a growl. The cat quickly runs to another tree and climbs it. The dog jumps with a furious growl, but can't get the cat in the tree. Then the cat lies down quietly on a branch and, with his head tilted to the side, quietly watches the dog. This brave cat is now called Mars.

Una tata con la coda

A nanny with a tail

 A

Vocaboli
Words

1. accarezzando - petting
2. aiuta - helps
3. appartamento - apartment
4. ascensore, l' - elevator
5. bambino, il - child
6. capisce - understands
7. catturi - catches
8. chiede - asking
9. coda, la - tail
10. da qualche parte - somewhere
11. decimo - tenth
12. diventa - getting

13. donna, la - woman
14. essere socchiuso - ajar
15. fa - doing
16. faccende domestiche, le - chores
17. fare - do
18. figlio, il - son
19. gioca - plays
20. giovane - young
21. irrequieto - restless
22. lascia - let
23. mai - never
24. miagola - meows
25. nota - notices
26. pavimento, il - floor
27. pensa - believes
28. piacere, il - pleasure
29. piccolo - small

30. più grasso - fatter
31. porta, la - door
32. pranzo - lunch
33. prende - takes
34. salotto, il - living room
35. scale, le - stairs
36. sebbene - although
37. sofà, il - couch
38. topi, i - mice
39. torna - returns
40. tranquillo - calm
41. ubbidiente - obedient
42. uccelli, gli - birds
43. ultimamente - lately
44. usa - uses
45. vive - lives

 # B

Il gatto Marte è molto ubbidiente e tranquillo, sebbene utimamente corra sempre da qualche parte. David nota che Marte diventa ogni giorno più grasso. David pensa che il gatto catturi uccelli e topi. Un giorno David torna a casa; lui vive al decimo piano ma non usa mai l'ascensore. Salendo le scale vede che la porta dell'appartamento accanto è socchiusa. David vede una giovane donna che lava il pavimento del salotto. David la conosce. Si chiama Maria. Un bambino piccolo è seduto sul divano del salotto

The cat Mars is very obedient and calm. Although lately it is always running off somewhere. David notices that Mars is getting fatter every day. David believes that the cat catches birds and mice. One day David returns home; he lives on the tenth floor, but never uses an elevator. He takes the stairs up and sees that a door to a neighboring apartment is ajar. David sees a young woman cleaning the floor in the living room. David knows her. Her name is Maria. A small child is sitting on the couch in the living room

e sta accarezzando Marte, il gatto. Marte miagola di piacere.

"Buonasera, Maria. Mi scusi, cosa ci fa il mio gatto nel suo appartamento?" domanda David alla donna.

"Buonasera, David. Sa, il mio bambino è molto irrequieto. Non mi fa fare le faccende domestiche. Mio figlio mi chiede sempre di giocare con lui. Il suo gatto mi aiuta. Gioca con mio figlio", risponde Maria. David ride.

"Inoltre riceve sempre un appetitoso pranzo da me!" dice la donna. David ora capisce per quale motivo il suo gatto diventa ogni giorno più grasso.

and petting the cat Mars. Mars meows with pleasure.

"Good day, Maria. Excuse me, what is my cat doing at your place?" David asks the woman.

"Good day, David. You see, my child is very restless. He doesn't let me do chores. My son is always asking me to play with him. Your cat helps me. It plays with my son," Maria answers. David laughs.

"Besides, he always gets a tasty lunch from me!" the woman says. David understands now why his cat is getting fatter and fatter every day.

5

Un gatto parlante

A talking cat

Vocaboli
Words

1. addormentarsi - fall
2. ama - loves
3. amabile, gentile - kind
4. andare - go
5. angolo, l' - corner
6. anziana - old

7. assumere - hire
8. attentamente - attentively
9. bambini, i - children
10. bambola, la / bambolotto, il - doll
11. che chiede - demanding
12. che parla, parlante - talking

13. chiede - demands

14. convince - convinces

15. dà - gives

16. dar da mangiare - feed

17. decide - decides

18. distintamente, chiaramente - distinctly

19. dubitare - doubt

20. è così - that's

21. fino - till

22. frase, la - phrase

23. giocato - played

24. impaurita - frightened

25. improvvisamente, all'improvviso - suddenly

26. inizia - begins

27. inoltre - moreover

28. intorno - around

29. lavorare - working

30. letto per le bambole, il - doll's

31. loro - they

32. mente, la - mind

33. mentre - while

34. nessuno - nobody

35. non più - anymore

36. parla - speaks

37. parlare - speak

38. preme, pigia - presses

39. presto - soon

40. primo - first

41. proprio - directly

42. prudenza, la - caution

43. qualcuno - someone

44. rimane - stays

45. ripete - repeats

46. salta - jumps

47. scontento - discontentedly

48. sente - hears

49. sentono - hear

50. si fa il segno della croce - crosses

51. si spaventa - gets scared

52. soddisfatto, contento - satisfied

53. sogno, il - dream

54. sta sdraiato - lies

55. stanca - tired

56. stesso - same

57. tata, la - nanny

58. tenere sott'occhio - glancing

59. tiene - keeps

60. tono, suono - tone

61. umano - human

62. vede - looking

63. vero - true

64. viene sentito - heard

65. voce, la - voice

66. volta, gira - turns

B

Un giorno Maria decide di assumere una tata per suo figlio. La nuova tata è un'adorabile anziana signora. Lei ama molto i bambini. Il primo giorno in cui lavora da Maria, la tata rimane a casa con il bimbo. Solo il gatto Marte è con loro. Dopo che sono andati a passeggio ed hanno giocato, la tata mette il bimbo a letto. È stanca e decide di andare a dormire anche lei. Ma non appena inzia ad addormentarsi all'improvviso qualcuno in un angolo della stanza dice ad alta voce: "Dammi da mangiare!" La tata balza in piedi stupita. Si guarda intorno - ma non c'è nessuno. Solo Marte, il gatto, sta sdraiato nell'angolo su di un letto per bambole. Il gatto Marte guarda la tata scontento. La tata si convince d'aver solo sognato e vuole tornare a dormire. Ma dallo stesso angolo sente distintamente: "Voglio mangiare!" La tata si volta - il gatto guarda attentamente e con aria scontenta proprio nella sua direzione. La vecchina si spaventa. Osserva per un po' il gatto, quando d'improvviso sente nuovamente la sua voce che chiede: "Dammi qualcosa da mangiare!" Lei si fa il segno della croce, per ogni evenienza, e va in cucina. Dà al gatto qualcosa da mangiare. È prudente e tiene sott'occhio il gatto Marte fino a sera. Ma il gatto soddisfatto

One day Maria decides to hire a nanny for her child. The new nanny is a kind old woman. She loves children very much. On the first day of working at Maria's, the nanny stays at home with the child. Only Mars the cat is with them. After walking and playing, the nanny takes the child to bed. She is tired and decides to go to sleep also. But as soon as she begins to fall asleep, suddenly someone says loudly in the corner of the room: "Feed me!" The nanny jumps up in surprise. She looks around - there is nobody there. Only the cat Mars lies in the corner in a doll's bed. The cat Mars is looking at the nanny discontentedly. The nanny decides that it was a dream and she wants to go back to sleep. But then from the same corner she distinctly hears again: "I want to eat!" The nanny turns her head - the cat is looking attentively and discontentedly directly at her. The old woman gets scared. She looks at the cat for a while, when suddenly the demanding voice is heard from him again: "Give me something to eat!" She crosses herself, just in case, and goes to the kitchen. She gives some food to the cat. She keeps glancing with caution at the cat Mars till the evening. But the satisfied cat

dorme e non parla più.

Maria torna a casa e la vecchina le racconta con voce impaurita che il gatto parla con voce umana e chiede da mangiare. Maria è molto sorpresa. Inizia a dubitare che la nuova tata sia totalmente sana di mente. Ma la tata la convince che la storia è vera.

"È andata così!" dice la tata. "Qui, in quest'angolo, nel letto per le bambole stava seduto il gatto e mi diceva 'Dammi qualcosa da mangiare'! E lo ha anche ripetuto!" disse la tata.

Improvvisamente Maria capisce cosa era successo. Va nel letto per le bambole e prende un bambolotto. Maria pigia la bambola ed entrambe sentono la stessa frase: " Voglio mangiare!"

sleeps and does not speak anymore.

Maria comes back home in the evening and the old woman tells her in a frightened tone that the cat speaks in a human voice and demands food. Maria is very surprised. She begins to doubt that the new nanny is in her right mind. But the nanny convinces her that it is true.

"That's how it was!" the nanny says, "Here in this corner, in the doll's bed, the cat sits and says to me 'give me something to eat'! Moreover it repeats it!" the nanny says.

And suddenly Maria understands what happened. She comes to the doll's bed and takes a small doll from it. Maria presses the doll and they hear the same phrase: "I want to eat!"

6

Un ospite assonnato

Sleepy guest

Vocaboli
Words

1. alcuni - several
2. alla fine - finally
3. anni, gli - years
4. appunto, l' - note
5. assonnato - sleepy
6. attacca - attached
7. autunno, l' - autumn
8. ben nutrito - well-fed
9. centro, il - middle
10. chi - who
11. collare, il - collar
12. cortile, il - yard
13. curioso - curious
14. del cane - dog's

15. divenne - became
16. domani - tomorrow
17. dormire senza interruzioni - get a
    good night's sleep
18. dove, in cui - where
19. essere - be
20. esso è - it's
21. già - yet
22. gialle - yellow
23. giorni, i - days
24. lentamente - slowly
25. magnifico - fine
26. mazzo, il - bunch
27. non sono - aren't
28. ospite, l' - guest
29. passeggiata, la - walk
30. prendere - take
31. raccogliere - gather
32. randagio - homeless
33. rispondere - answer
34. sa - know
35. segue - follows
36. seguente - following
37. sei - six
38. si avvicina a lui, gli si avvicina -
    approaches
39. studi, gli - studies
40. tempo, il (metereologico) - weat-
    her
41. tenta - trying
42. tre - three
43. univesità, l' - university
44. va avanti - continued
45. viene, arriva - coming

B

Come di consueto Robert, dopo essere stato all'università, esce a fare una passeggiata. Il tempo oggi è bello. Siamo in pieno Autunno. Robert decide di raccogliere un mazzo di foglie gialle. Improvvisamente vede un vecchio cane arrivare nel cortile. Sembra molto stanco. Porta un collare ed è ben nutrito. Così, Robert immaginò che non fosse un cane randagio e che qualcuno si prendesse cura di lui. Il cane si avvicina lentamente a Robert. Robert lo accareza sulla testa. Robert doveva già avviarsi ver-

As usual after his studies at the university, Robert goes outside to take a walk. The weather is good today. It's just the middle of autumn. Robert decides to gather a bunch of yellow leaves. Suddenly he sees an old dog coming into the yard. It looks very tired. It has a collar on and it is very well-fed. So Robert decides that it is not homeless and that they look after it well. The dog approaches Robert quietly. Robert pets it on the head. Robert should be going back home already. The dog fol-

so casa. Il cane lo segue. Entra in casa; pian piano va nella camera di Robert. Poi si sdraia in un angolo e si addormenta.

Il giorno seguente il cane torna. Va incontro a Robert nel cortile. Poi entra di nuovo in casa e si addormenta nello stesso punto. Dorme per circa tre ore. Poi si sveglia e se ne va.

Va avanti così per alcuni giorni. Alla fine Robert si incuriosisce ed attacca al collare un appunto con il seguente testo: "Mi piacerebbe proprio sapere chi è il proprietario di questo magnifico cane e se sa che il cane viene da me quasi ogni giorno a dormire."

Il giorno seguente il cane torna e al suo collare ha attaccata la seguente risposta: "Il cane vive in una casa in cui ci sono sei bambini, due dei quali non hanno nemmeno tre anni. Cerca solo un posto per dormire senza interruzioni. Posso venire anch'io domani a dormire da lei?"

lows him. It comes into the house; slowly comes into Robert's room. Then it lies down in the corner and falls asleep.

The next day the dog comes again. It approaches Robert in the yard. Then it goes into the house again and falls asleep in the same place. It sleeps for about three hours. Then it gets up and goes away somewhere.

This continued for several days. Finally Robert became curious, and he attached a note to the dog's collar with the following: "I would like to know who is the owner of this fine dog, and if he knows that the dog comes to my place almost every day to sleep?"

The next day the dog comes again, and the following answer is attached to its collar: "It lives in a house where there are six children, and two of them aren't three years old yet. It is just trying to get a good night's sleep somewhere. Can I also come to you tomorrow?"

7

Non è colpa del cane

The dog isn't guilty

A

Vocaboli
Words

1. abbaia - barks
2. abbaiava - barked
3. anno, l' - year
4. architetto, l' - architect
5. attraverso - through
6. biblioteca, la - library
7. bosco, il - forest
8. caffè, il; bar, il - café

9. cantando - singing
10. cantano - sing
11. chiudono - lock
12. ci, a noi - us
13. ciò nonostante - anyway
14. colpevole - guilty
15. con - with
16. contento - cheerfully

17. ditta, la; impresa, l' - firm
18. domenica, la - Sunday
19. eccitati - excitedly
20. edificio, l' - building
21. famiglia, la - family
22. fare la guardia, badare a - watch
23. finestra, la ; finestrino, il - window
24. fungo, il - mushroom
25. guida - drives
26. impresa di costruzioni, l' - building firm
27. lavora - works
28. macchina, la; auto, l' - car
29. madre, la - mother
30. mamma, la - mom
31. mancare, essere privo di - missing
32. marito, il - husband
33. medio - medium-sized
34. membri, i - members
35. musica, la - music
36. ore, le - hours
37. otto - eight
38. panieri, i; cesti, i - baskets
39. pende - hanging
40. più giovane, minore - younger
41. raccogliere - pick
42. ricevere - got
43. rimanere, stare, restare - stay
44. rubate - stolen
45. scuola, la - school
46. segretario, il; segretaria, la - secretary
47. sente la mancanza di - misses
48. si avvicinano - approach
49. sole, il - sun
50. sorella, la - sister
51. splende - shining
52. sposati - married
53. stato - been
54. trovato - found
55. tutti - everybody
56. un anno fa - a year ago

 # B

Dopo il college David va in biblioteca. La sera incontra gli amici in un caffè. La sorella minore di David, Nancy, ha già otto anni. Lei va a scuola. Linda, la mamma di David, lavora come segretaria. Suo marito Christian lavora come architetto in una impresa di costruzioni. Christian e Linda si sono sposati un anno fa. David ha un gatto che si chiama Marte, ed un cane che si

David goes to the library after college. He meets his friends in a café in the evenings. David's younger sister Nancy is already eight years old. She studies at school. David's mom, Linda, works as a secretary. Her husband Christian works as an architect at a building firm. Christian and Linda got married a year ago. David has a cat named Mars and a dog,

chiama Barone.

Oggi è domenica. David, Nancy, Linda, Christian e Barone vanno nel bosco a raccogliere funghi. Guida David. In macchina si ascolta la musica. Il padre e la madre cantano mentre Barone abbaia contento.

Poi la macchina si ferma. Barone salta fuori dalla macchina e corre nel bosco. Salta e gioca.

"Barone, tu devi restare qui", dice David. "Devi fare la guardia alla macchina. E noi andremo nel bosco."

Barone guarda David triste, ma ciò nonostante va in macchina. Lo chiudono nell' auto. La madre, il padre, David e Nancy prendono i cesti e vanno a raccogliere i funghi. Barone guarda fuori attraverso il finestrino della macchina.

"Meno male che c'è Barone. Lui fa la guardia alla macchina e noi non dobbiamo preoccuparci di nulla", dice il padre.

"Barone è un cane coraggioso", dice David.

"Oggi il tempo è bello", dice la madre.

"Ho trovato il primo fungo!" grida Nancy. Tutti, eccitati, iniziano a raccogliere funghi. Tutti i membri della famiglia sono di ottimo umore. Gli uccelli cantano e il sole splende. David raccoglie solo funghi grandi. La madre ne raccoglie di piccoli e

Baron.

It is Sunday today. David, Nancy, Linda, Christian and Baron go to the forest to pick mushrooms. David drives. Music plays in the car. The father and the mother sing. Baron barks cheerfully.

Then the car stops. Baron jumps out of the car and runs to the forest. It jumps and plays.

"Baron, you should stay here," David says, "You should watch the car. And we will go to the forest."

Baron looks sadly at David, but goes to the car anyway. They lock him in the car. The mother, the father, David and Nancy take baskets and go to pick mushrooms. Baron looks out through the car window.

"It is good that we have Baron. He watches the car and we don't need to worry," the father says.

"Baron is a brave dog," David says.

"The weather is good today," the mother says.

"I have found the first mushroom!" Nancy cries. Everybody starts to gather mushrooms excitedly. All members of the family are in a good mood. The birds are singing, the sun is shining. David gathers only big mushrooms. Mother gathers

di medi. Il padre e Nancy raccolgono funghi grandi, medi e piccoli. Raccolgono funghi per due ore.

"Dobbiamo tornare alla macchina. Barone starà sentendo la nostra mancanza", dice il papà. Vanno tutti alla macchina. Si avvicinano all'auto.

"Ma cos'è?" urla Nancy. Alla macchina mancano le ruote! Le ruote sono state rubate! Il cane siede in auto e guarda la famiglia con gli occhi spaventati. Un biglietto pende dal finestrino: "Non è colpa del cane. Lui ha abbaiato!"

small and medium-sized ones. The father and Nancy gather big, small and medium-sized mushrooms. They pick mushrooms for two hours.

"We have to go back to the car. Baron misses us," the father says. Everybody goes to the car. They approach the car.

"What is this?" Nancy cries. The car is missing its wheels! The wheels have been stolen! The dog is sitting in the cabin and looking at his family with a frightened look. A note is hanging on the window: "The dog isn't guilty. It barked!"

8

Le valigie

The suitcases

Vocaboli
Words

1. accanto - next to
2. accingersi, avviarsi - preparing
3. arrivano - arrive
4. aveva - had
5. bagaglio, il - luggage
6. banchina della stazione degli auto-bus, la - platform
7. borsa, la - bag
8. cena, la - dinner
9. chiamano - call
10. città, la - city

11. come - how
12. dovere - shall
13. estate, l' - summer
14. fiume, il - river
15. insieme - together
16. la verdura - vegetables
17. legge - reads
18. libri, i - books
19. lontano, distante - far
20. mese, il - month
21. ok, va bene - OK
22. orto, l'; giardino, il - garden
23. pausa, la - rest
24. pensava - thought
25. pescare - fishing
26. porta - carries
27. portare - carry
28. prese - took
29. presenta - introduces

30. presto - early
31. scompartimento, lo; comparto, il - compartment
32. settanta - seventy
33. sicuro - sure
34. situazione, la - situation
35. solo, da solo - alone
36. spiega - explains
37. stazione degli autobus, la - station
38. storie, le - stories
39. taxi, il - taxi
40. tè, il - tea
41. triste - sad
42. valigie, le - suitcases
43. vendere - sell
44. vita, la - life
45. zio, lo - uncle

 # B

Ogni estate David va a fare visita a suo zio Philippe. Lo zio Philippe vive da solo. Ha settant'anni. Normalmente la mattina presto David e lo zio Philippe vanno al fiume a pescare. Poi David aiuta lo zio Philippe a raccogliere la frutta e la verdura nell'orto. Dopo il pranzo David fa una pausa e legge dei libri. La sera David e lo zio Philippe vanno a vendere la frutta. Poi cenano e parlano. Lo zio Philippe racconta a

Every summer, David goes to visit his uncle Philippe. Uncle Philippe lives alone. He is seventy years old. David and uncle Philippe usually go fishing in the river early in the morning. Then David helps the uncle gather fruit and vegetables in the garden. After lunch David has a rest and reads books. David and uncle Philippe take fruit to sell in the evenings. Then they have dinner and talk together. Uncle Philippe tells David stories about his life.

David alcune storie della sua vita. Di solito David rimane dallo zio Philippe per un mese e poi torna a casa.

Quest'estate David torna a casa con l'autobus. Sull'autous siede accanto ad una ragazza. David fa la conoscenza della ragazza. Il suo nome è Ann. Ann vive nella stessa città di David. Ma Ann vive molto distante da casa di lui. Arrivano in città. David aiuta Ann a prendere il suo bagaglio dal portabagagli. David dà a Ann due valigie. David la aiuta e prende le valigie.

"Ann, ti accompagnerò a casa", dice David.

"Ok. Ma tu vivi molto distante da me", risponde Ann.

"Non fa nulla, poi prendo un taxi", risponde David. È già sera, David ed Ann camminano per la città e parlano. Giungono a casa di Ann. David porta il bagaglio in casa. Ann presenta David a sua madre.

"Mamma, questo è David. David mi ha aiutata a portare il bagaglio", dice Ann.

"Buonasera", dice David.

"Buonasera", risponde la mamma di Ann. "Gradiresti una tazza di tè?"

"No, grazie. Devo andare", dice David. E si accinge ad andare.

"David, non dimenticare le tue valigie",

David usually stays at uncle Philippe's for a month and then goes back home.

David is coming home from uncle Philippe's by bus this summer. He is sitting next to a girl on the bus. David gets acquainted with the girl. Her name is Ann. Ann lives in the same city as David does. But Ann lives far away from his house. They arrive in the city. David helps Ann to get her bags from the luggage compartment. Ann gets two suitcases. David helps her and takes the suitcases.

"Ann, I'll walk you home," David says.

"OK. But you live far from me," Ann answers.

"Never mind, I'll take a taxi," David answers. David and Ann walk through the evening city and talk. They come to Ann's house. David carries the bags into the house. Ann introduces David to her mom.

"Mom, this is David. David helped me to carry the bags," Ann says.

"Good evening," David says.

"Good evening," Ann's mom answers, "Would you like some tea?"

"No, thanks. I have to go," David says. He is preparing to leave.

"David, do not forget your suitcases,"

dice la mamma di Ann. David guarda sopreso Ann e sua madre.

"Com'è possibile? Queste non sono le tue valigie?" domanda David a Ann.

"Io credevo che fossero le tue", risponde Ann. Quando Ann ricevette il suo bagaglio dal portabagagli, prese le due valigie. David pensava che fossero le valigie di Ann. E Ann pensava che fossero quelle di David.

"E cosa facciamo adesso?" dice David.

"Dovremmo andare alla stazione degli autobus", risponde Ann, "e portare indietro le valigie."

Ann e David chiamano un taxi e vanno alla stazione. Lì vedono sulla banchina della stazione degli autobus due ragazze tristi. David e Ann vanno dalle ragazze.

"Scusate, queste sono le vostre valigie?" chiede David e spiega loro la situazione.

Le ragazze ridono. Erano sicure che qualcuno avesse rubato le loro valigie.

Ann's mom says. David looks at Ann and her mom in surprise.

"How's that? Aren't these your suitcases?" David asks Ann.

"I thought these were your suitcases," Ann answers. When Ann was getting her bag from the luggage compartment, she took the two suitcases out. David thought that these were Ann's suitcases. And Ann thought they were David's.

"What shall we do?" David says.

"We should go to the station," Ann answers, "And take back the suitcases."

Ann and David call a taxi and arrive to the station. There they see two sad girls on the platform. David and Ann come up to the girls.

"Excuse me, are these your suitcases?" David asks and explains all the situation to them.

The girls laugh. They were sure that their suitcases had been stolen.

Il professor Leonida

Professor Leonidas

A

Vocaboli
Words

1. aspetta - waiting
2. audace - daring
3. capelli, i - hair
4. colleghi, i - colleagues
5. compito, il - assignment
6. con emozione - emotionally
7. corrugamento della fronte, il - frown
8. di nascosto - secretly
9. di rado - rarely
10. difficili - difficult
11. dio, il - god
12. dito, il - finger
13. domande, le - questions
14. entrare - enter

15. facoltà, la ;istituto,l' - department

16. famoso - famous

17. frequentare - attend

18. giornalismo, il - journalism

19. grande - great

20. Grecia - Greece

21. imparato - learned

22. in silenzio - silent

23. indica - points

24. insegna - teaches

25. interrogare - quiz

26. lezioni, le - lectures

27. lunghi - long

28. magnifici - magnificent

29. materia d'insegnamento, la - subject

30. nazionale - national

31. neri - black

32. non era - wasn't

33. occhi, gli - eyes

34. pensieri, i - thoughts

35. perfetto - perfectly

36. piatto, il; portata, la; ricetta,la - dish

37. più famosi - most famous

38. più forte - loudest

39. più importante, centrale - main

40. preparo - prepare

41. probabilmente - probably

42. professore, il - professor

43. qualche - few

44. raccoglie - collects

45. re, il - king

46. sedia, la - chair

47. sentire - feel

48. si è innamorata - fell in love

49. soffitto, il - ceiling

50. soprannome, il - nickname

51. Sparta - Sparta

52. storia, la - history

53. studente, lo; studentessa, la - student

54. suggerimento, il - hint

55. tavolo, il; banco, il; scrivania, la - desk

56. tentativo, il - guess

57. test, il - test

58. ti riferisci, vuoi dire - mean

59. tuttavia - though

60. voti, i - marks

61. Zeus - Zeus

 # B

David studia al college, frequenta la facoltà di giornalismo. Il professor Leonida insegna alla facoltà di giornalismo. È greco e insegna storia. Il professor Leonida è soprannominato Zeus perché insegna con

David studies at the journalism department at college. Professor Leonidas teaches at the journalism department. He is Greek and teaches history. Professor Leonidas has the nickname Zeus because

grande emozione, ha dei magnifici capelli lunghi e grandi occhi neri.

Oggi David ha un test di storia. A lui piace questa materia. Legge molto ed ha sempre ottimi voti.

David entra in classe e prende il compito. Si siede al banco e fa gli esercizi. Le domande non sono difficili. Accanto a David siede Lena. Lena frequenta solo di rado le lezioni del professor Leonida. A Lena non piace la storia. Lei aspetta che sia il suo turno. Poi va alla scrivania del professor Leonida e si mette seduta su una sedia.

"Queste sono le mie risposte alle domande", dice Lena al professore dandogli il test.

"Bene", il professore osserva Lena. Lui rammenta che Lena non frequenta le sue lezioni. "Probabilmente Lena è una brava studentessa e studia sodo", pensa il professor Leonida. Ma vuole interrogare lo stesso la ragazza.

"Lena, chi è il più importante dio greco?" chiede il professore. Lena rimane in silenzio. Non lo sa. Il professor Leonida aspetta. Juliasiede al banco in prima fila. Vorrebbe darle un suggerimento. Lena guarda Julia. E Julia di nascosto indica con il dito il professor Leonida.

"Leonida è il più importante dio gre-

he lectures very emotionally and has magnificent long hair and big black eyes.

Today David has a test in history. He likes the subject. He reads a lot and always gets good marks.

David enters the room and takes a test assignment. He sits down at the desk and does the assignment. The questions aren't difficult. Lena sits next to David. Lena rarely attends professor Leonidas's lectures. Lena doesn't like history. She is waiting for her turn. Then Lena goes to professor Leonidas's desk and sits down on a chair.

"These are my answers to the questions," Lena says to the professor and gives him the test assignment.

"Well," the professor looks at Lena. He remembers perfectly that Lena doesn't attend his lectures, "Lena is probably a good student and studies well," professor Leonidas thinks. But he still wants to quiz the girl.

"Lena, who is the main Greek god?" the professor asks. Lena is silent. She doesn't know. Professor Leonidas is waiting. Julia sits at the front desk. Julia wants to give her a hint. Lena looks at Julia. And Julia secretly points a finger at professor Leonidas.

"Leonidas is the main Greek god," Le-

co", dice Lena. Gli studenti ridono. Il professor Leonida la guarda aggrottando la fronte. Poi guarda il soffitto e raccoglie le idee.

"Forse ti riferisci a Leonida, il re di Sparta. Ma, sebbene anche lui sia stato un greco illustre, non era una divinità. Forse ti riferisci a me, ma io mi sento come un dio solo quando sono nella mia cucina e preparo un piatto nazionale greco", dice il professor Leonida guardando Lena attentamente. "Ma grazie lo stesso per l'audace tentativo."

Qualche giorno dopo, il professor Leonida racconta ai suoi colleghi che lui è il più importante dio greco. Il professore ride più forte di tutti. E Lena ha imparato i nomi di tutti i Greci più famosi e così si è innamorata della storia della Grecia.

na says. The students laugh out. Professor Leonidas looks at her with a frown. Then he looks at the ceiling and collects his thoughts.

"If you mean Leonidas, the king of Sparta, he wasn't a god. Though he also was a great Greek. If you mean me, then I feel like a god only in my kitchen when I prepare a national Greek dish," professor Leonidas looks at Lena attentively, "But anyway thank you for the daring guess."

Professor Leonidas tells his colleagues a few days later, that he is the main Greek god. The professor laughs loudest of all. And Lena learned the names of all the most famous Greeks and fell in love with the history of Greece.

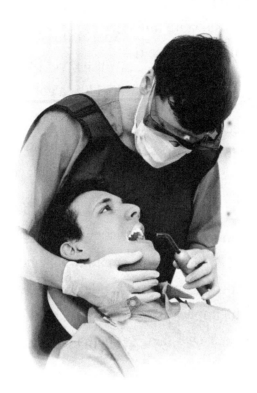

Dal dentista

At the dentist

A

Vocaboli
Words

1. aprire - open
2. bocca, la - mouth
3. capo, il - chief
4. chiamerebbe - term
5. chiude - closes

6. cliente, il - client
7. clinica odontoiatrica, la - dental surgery
8. cura - treats
9. del lavoratore edile - builder's

10. dente, il - tooth

11. dentista, il - dentist

12. di - than

13. di nulla - you're welcome

14. difetto, il - defect

15. ditta, la; impresa, l' - company

16. è d'accordo - agrees

17. elimina - eliminate

18. espressione, l' - term

19. fare domanda, candidarsi - apply

20. impresa di costruzioni, l' - construction company

21. incontrati - met

22. lava - washes

23. lavoratori edili, i - builders

24. lavoro, il - job

25. lezione, la - classes

26. mal di denti, il - toothache

27. male - badly

28. mandibola, la - manjaw

29. mani, le - hands

30. medico, il; dottore, il - doctor

31. molto - widely

32. montato - install

33. ospedale, l' - hospital

34. per bene - correctly

35. perché - because

36. perdita, la - loss

37. picchia - hits

38. prego - please

39. prima - earlier

40. prima che - before

41. qualcosa - anything

42. ricorda - recalls

43. riparare - fix

44. scrive - writes

45. si siede - sits

46. soddisfatto - contentedly

47. studio medico, lo - surgery

48. un po' - slightly

B

David ha un amico che si chiama Victor. David e Victor sono amici da molto tempo. Victor lavora in un'impresa di costruzioni. Lui monta le porte negli appartamenti nuovi. A Victor non piace il suo lavoro. Anche lui vorrebbe studiare al college. Victor esce presto dal lavoro perché frequenta una scuola serale. Si prepara per fare domanda di ammissione ad un college. Oggi però Vic-

David has a friend named Victor. David and Victor have been friends for a long time. Victor works at a construction company. He installs doors in new apartments. Victor doesn't like his job. He wants to study at college, too. Victor leaves work earlier because he attends evening school. He prepares to apply to college. But Victor asks his chief today to

tor non chiede al suo capo di uscire prima dal lavoro per andare a lezione, ma per andare all'ospedale. Victor ha mal di denti. Ha mal di denti da due giorni. Va in ospedale, nella clinica ondontoiatrica.

"Buongiorno, dottore!" dice Victor.

"Buongiorno!" risponde il dottore.

"Dottore, mi sembra che ci siamo già incontrati da qualche parte", dice Victor.

"Forse", risponde il dottore. Victor si siede e spalanca la bocca. Il dottore cura il dente di Victor. Tutto va bene. Il dottore si lava le mani e dice: "Il suo dente ora sta bene. Può andare."

Ma Victor non può rispondere perché non riesce a chiudere la bocca. Victor indica la bocca.

"Capisco", dice il dottore, "non ti preoccupare! Anche un lavoratore edile lo chiamerebbe un semplice difetto. Posso aggiustare il difetto domani", rispose il dottore.

In quel momento Victor si ricorda che il dottore è un cliente della sua ditta. Victor ha montato male la porta a casa del dottore. La porta del dottore non si chiude. Victor gli scrive un appunto: "Verrò immediatamente da lei a montare per bene la porta."

Il medico è d'accordo. Victor e il dottore prendono un taxi. Victor siede nel taxi con la bocca aperta e guarda triste attra-

let him go not to the classes, but to the hospital. Victor has a toothache. He has had a toothache for two days. He arrives at the hospital and comes into the dental surgery.

"Hello, doctor!" Victor says.

"Hello!" the doctor answers.

"Doctor, it seems to me that we have met somewhere before," Victor says.

"Maybe," the doctor answers. Victor sits down in a chair and widely opens his mouth. The doctor treats Victor's tooth. Everything goes well. The doctor washes his hands and says: "Your tooth is healthy now. You can go."

But Victor can't say anything because his mouth doesn't close. Victor points to the mouth.

"I see," the doctor says, "Don't get upset! In builder's terms, this is called a defect. I can fix this defect tomorrow," the doctor answers.

At this moment Victor recalls that the doctor is a client of their company. Victor badly installed a door at the doctor's. The doctor's door doesn't close. Victor writes a note to the doctor: "I'll come to your place right now and install the door correctly."

The doctor agrees. Victor and the doctor take a taxi. Victor sits in the taxi with the open mouth and looks sadly

verso il finestrino della macchina. Arrivano a casa del dottore. Victor elimina il difetto, sempre con la bocca aperta. Il dottore non ringrazia Victor. Picchia leggermente sulla mandibola e la bocca si chiude. Victor è felice.

"Grazie, dottore!" gli dice, "Lei elimina i difetti meglio di un lavoratore edile. Lo fa senza perdere tempo", dice Victor.

"Di nulla", dice il dottore soddisfatto, "puoi tornare volentieri, quando vuoi se hai bisogno di aiuto."

through the car window. They come to the doctor's house. Victor fixes the defect with the open mouth. The doctor doesn't thank Victor. He hits Victor slightly on the jaw and the mouth closes. Victor is happy.

"Thank you, doctor!" he says to the doctor, "You eliminate defects better than builders. You do it without a loss of time," Victor says.

"You're welcome," the doctor says contentedly, "Come when you need help, please."

11

La giustizia trionfa!

Justice triumphs!

A

Vocaboli
Words

1. abbastanza - enough
2. accuratamente - carefully
3. adulare - flatter
4. ammetto - admit
5. aula, l' - classroom
6. autore, l' - author
7. avventura, l' - adventures
8. basso - low
9. cambiare, modificare - change
10. capolavoro, il - masterpiece
11. caro - dear
12. casa dello studente, la - dorms
13. chiaro; scorrevole - easy
14. compito a casa, il - homework
15. con competenza - competent
16. continua - continues

17. controllare - check
18. copiare - copying
19. copiato - copied
20. dato - given
21. deciso - decided
22. dice infine - finishes
23. è visibile - appears
24. eccellente - excellent
25. esperienza, l' - experience
26. fece - did
27. felice - merrily
28. furbo - slyly
29. giustizia, la - justice
30. ho saputo, sapevo - knew
31. imbrogliare - cheat
32. impressionato - impressed
33. inglese, l' - English
34. intelligente - smart
35. intelligenza, l' - intelligence
36. io stesso - myself
37. lasciato - left
38. letteratura, la - literature
39. lezione, la - lesson
40. livello, il - level
41. lodare - praise
42. maggiore - highest
43. male - poorly
44. meritato - deserved
45. modo, il; maniera, la - way
46. onestamente - honestly
47. parla, dice - talks
48. particolarmente - especially
49. passa - passes
50. paura, la - fear
51. pigro - lazy
52. più - more
53. più severamente - more strictly
54. professore, il - teacher
55. qualcuno - anybody
56. ragazzo, il - guy
57. ricordi - remind
58. rovinare - spoil
59. saggi, i - essays
60. sconsideratamente - thoughtlessly
61. scoprire - spot
62. scritto - written
63. scrittore, lo - writer
64. semplicemente - easily
65. serio - seriously
66. severo - strictly
67. significa - means
68. spesso - often
69. spirito, lo - spirit
70. stile, lo - style
71. stupore, lo - amazement
72. tema, il - composition, theme
73. testo, il; l'impostazione - concept
74. tiene - holds
75. timidamente - hesitantly
76. trionfa - triumphs
77. un qualche; qualcosa - any

B

Robert abita nella casa dello studente. Ha molti amici. Tutti gli studenti gli vogliono bene. Ma gli insegnanti sanno che Robert qualche volta è pigro. Perciò trattano Robert più severamente rispetto agli altri studenti. Alla prima ora oggi Robert ha letteratura inglese. Gli studenti si stanno occupando accuratamente delle opere di Charles Dickens. Questo scrittore è diventato famoso grazie ai libri Le avventure di Oliver Twist, Dombey e figlio, David Copperfield e altri.

Il professore oggi deve restituire corretti i saggi che erano da fare a casa. Il professore entra in aula. Tiene fra le sue mani gli elaborati degli studenti.

"Buon giorno. Sedetevi, prego", dice il professore. "Sono soddisfatto dei vostri saggi. Mi piace particolarmente il lavoro di Robert. Devo ammettere onestamente che non ho mai letto un lavoro migliore su Dickens. Un testo eccellente, scritto con competenza e con uno stile chiaro. Addirittura il voto più alto in questo caso non sarebbe sufficiente."

Gli studenti sono esterrefatti e restano a bocca aperta. La gente non dice spesso cose simili su Robert. Poi il professore parla degli altri compiti ma non elogia nessuno allo stesso modo. Dopodiché distribuisce i lavori agli studenti. Quando passa da Robert gli

Robert lives in the dorms. He has a lot of friends. All the students like him. But teachers know that Robert is sometimes lazy. That's why they treat Robert more strictly than other students. It is Robert's first lesson is English literature today. Students carefully study Charles Dickens's work. This writer became famous with works like The Adventures of Oliver Twist, Dombey and Son, David Copperfield and so on.

The teacher has to check homework essays today. The teacher enters the classroom. He holds the students' work in his hands.

"Hello. Sit down, please," the teacher says, "I am satisfied with your essays. I especially like Robert's work. I admit to you honestly that I have never read a better work about Dickens. Excellent concept, competent writing, easy style. Even the highest mark is not enough here."

Students open their mouths in amazement. People don't often say things like that about Robert. Then the teacher talks about other works, but doesn't praise anybody the same way. Then he hands out the works to the students. When he passes Robert, he says

dice: "Per favore vieni da me dopo la lezione."

Robert è sorpreso. Dopo la lezione va dal professore. Gli altri studenti hanno già lasciato l'aula.

"Robert, tu sei un ragazzo bravo ed intelligente", dice il professore, "in un certo qual modo mi ricordi me. Anche io ho studiato in questo college. E ho abitato nella stessa casa dello studente in cui abiti tu." Robert non capisce cosa voglia dire il professore. Ma il professore lo guarda furbo e continua: "Anche io ho dato un'occhiata ai test degli ex studenti. Ma da loro ho copiato solo un po', giusto per entrare in confidenza con l'argomento. E non ho mai copiato in modo così sconsiderato come te."

Negli occhi di Robert si fa visibile la paura. "Così è, caro mio. Tu non hai solo copiato il lavoro di qualcun altro, tu hai copiato il lavoro che io stesso avevo scritto molto tempo fa", continua il professore.

"Ma allora perché mi ha dato il voto più alto, professore?" chiede Robert timidamente.

"Perché allora ho preso un brutto voto! E io ho sempre saputo che avrei meritato un voto di gran lunga migliore! La giustizia oggi ha trionfato", dice il professore ridendo felice.

to him: "Come to see me after the lesson, please."

Robert is surprised. He comes up to the teacher after the lesson. Students already left the classroom.

"Robert you're a smart and good guy," the teacher says, "You even remind me of myself in some ways. I also studied in this college. And I stayed in the same dorms as you do." Robert does not understand what the teacher means. But the teacher looks at him slyly and continues: "I looked for former students' tests too. But I copied from them just a little to feel the spirit of a theme. And I never copied everything thoughtlessly as you did."

A fear appears in Robert's eyes. "That's it, my dear. You have not only copied somebody else's work, you have copied a work written by me a long time ago," the teacher continues.

"Then why have you given me the highest mark, professor?" Robert asks hesitantly.

"Because then I got a low mark for it! And I always knew that it deserved a much better mark! And here justice triumphs now!!" the teacher laughs merrily.

"Quando ho copiato il suo tema ero impressionato dal livello d'intelligenza dell'autore", dice Robert. "Così ho deciso di non modificare nulla per non rovinare questo capolavoro, professore", dice Robert gurdandolo negli occhi.

"Non sai adulare, Robert", riponde il professore e lo guarda serio. "Va' adesso e tieni bene a mente che io ti scoprirò facilmente ogni volta che imbrogli perché ho molta più esperienza di te. È chiaro?" dice infine il professore.

"When I was copying your composition, I was impressed by the level of intelligence of the author," says Robert, "So I decided not to change anything to not to spoil this masterpiece, professor," Robert looks in the teacher's eyes.

"You flatter very poorly, Robert," the teacher answers looking seriously at Robert, "Go and remember that any time you cheat, I will spot it easily because I have had a lot of experience. Is it clear?" the teacher finishes.

Dov' è il mare?

Where is the sea?

A

Vocaboli
Words

1. andò - went
2. annuisce - nods
3. asciugamano, l' - towel
4. ascolta - listens
5. aspettare - wait
6. campanello della porta, il - doorbell
7. capitale, la - capital

8. cellulare, il - telephone
9. cibo, il - meal
10. città, la - town
11. completamente - completely
12. complimento, il - compliment
13. costume da bagno, il - swimsuit
14. cucina - cooks

15. davanti - past
16. dieci - ten
17. direzione, la - direction
18. diverse - different
19. ebraico, l' - Hebrew
20. fatto un complimento - paid a compliment
21. fine settimana, il - weekend
22. fine, la - end
23. fortuna, la - luck
24. Gerusalemme - Jerusalem
25. hotel, l' - hotel
26. incrocio, l' - intersection
27. maggiore, più grande - biggest
28. mare, il - sea
29. mercato, il - market
30. mezza - half
31. nuotare - swimming
32. padre, il; papà, il - dad

33. panchina, la - bench
34. parte - traveling
35. perdersi - lost
36. piuttosto - quite
37. porta - leads
38. potrebbe - could
39. prendere il sole, fare un bagno di sole - sunbathing
40. riconosco - recognize
41. sta facendo visita - visiting
42. strada, la - street
43. suggerisce - suggests
44. troveremo - find
45. uomo, l' - man
46. venti - twenty
47. via, la - road
48. vicino di casa, il - neighbor
49. zia, la - aunt

 B

Anna, un'amica di David, questa estate parte per Israele per fare visita a sua zia e suo zio. Sua zia si chiama Yael, suo zio Nathan. Hanno un figlio che si chiama Ramy. Nathan, Yael e Ramy vivono a Gerusalemme. Gerusalemme è la capitale e la più grande città di Israele. Anna ama questo posto. Ogni fine settimana va con suo zio e sua zia al mare. Ad Anna piace nuotare e stare sdraiata al sole.

Anna, David's friend, is traveling to Israel to visit her aunt and uncle this summer. The aunt's name is Yael, and the uncle's name is Nathan. They have a son named Ramy. Nathan, Yael and Ramy live in Jerusalem. Jerusalem is the capital and the biggest city in Israel. Anna likes it there. She go to the sea every weekend with her uncle and aunt. Anna likes swimming and sunbathing.

Oggi è giovedì. Zio Nathan va a lavorare. Lui è dottore. La zia Yael cucina per tutta la famiglia. Anna vorrebbe tanto andare al mare ma ha paura ad andarci da sola. Lei sa bene l'inglese. Ma non parla affatto l'ebraico. Anna ha paura di perdersi. Sente che qualcuno suona alla porta.

"È la tua amica Nina", dice zia Yael. Anna è molto felice che la sua amica sia venuta a trovarla. Nina vive a Kiev. Sta facendo visita a suo padre. Suo padre è il vicino di casa dello zio Nathan. Nina parla molto bene l'inglese.

"Andiamo al mare!", propone Nina.

"Come troveremo la strada?" chiede Anna.

"Siamo in Israele. Quasi tutti qui parlano inglese", risponde Nina.

"Aspetta un secondo, prendo un costume da bagno e un asciugamano", dice Anna. Dieci minuti dopo le ragazze lasciano la casa. Un uomo con un bambino viene loro incontro

"Mi scusi, come arriviamo al mare?" chiede Anna in inglese.

"Figlia del mare?" risponde l'uomo. Anna è contenta che l'uomo le abbia fatto un complimento. Annuisce.

"È piuttosto lontano. Andate fino alla fine della strada e poi girate a destra.

Today is Tuesday. Uncle Nathan goes to work. He is a doctor. Aunt Yael cooks a meal for the whole family. Anna wants to go to the sea very much, but she is afraid to go alone. She knows English well, but doesn't know Hebrew at all. Anna is afraid to get lost. She hears the doorbell ring.

"This is your friend Nina," aunt Yael says. Anna is very glad that her friend came to see her. Nina lives in Kiev. She is visiting her father. Her father is uncle Nathan's neighbor. Nina speaks English well enough.

"Let's go to the sea," Nina suggests.

"How will we find our way?" Anna asks.

"It's Israel. Almost everybody here speaks English," Nina answers.

"Wait a minute, I'll take a swimsuit and a towel," Anna says. Ten minutes later the girls go outside. A man with a child walks toward them.

"Excuse me, how can we get to the sea?" Anna asks him in English.

"Daughter of the sea?" the man asks. Anna is glad that the man pays a compliment to her. She nods her head.

"It is quite far away. Go to the end of the street then turn to the right. When

Quando arrivate all'incrocio girate nuovamente a destra. Buona fortuna", dice l'uomo.

Anna e Nina camminano per venti minuti. Passano davanti a un mercato. Poi passano davanti ad un hotel.

"Non riconosco questo hotel. Quando siamo andati al mare con mio padre non l'ho visto", dice Nina.

"Chiediamo di nuovo la strada", propone Anna.

"Questa strada ci porta al mare, no?" chiede Nina al commesso di un negozio.

"Sì, figlia del mare", annuisce il commesso.

"È davvero strano. Oggi hanno fatto due volte lo stesso complimento sia a me che a te", dice Anna a Nina. Le ragazze sono sorprese. Camminano una mezz'ora lungo la via.

"Credo che siamo già state in una strada con lo stesso nome", dice Anna.

"Sì, ma le case qui sembrano completamente diverse", risponde Nina.

"Potrebbe dirci quanto ci vuole da qui fino al mare?" chiede Nina a una donna con un cane.

"Figlia del mare?" domanda la donna. Nina è sorpresa. Non ha mai ricevuto pri-

you get to the intersection, turn to the right again. Good luck," the man says.

Anna and Nina walk for twenty minutes. They pass a market. Then they go past a hotel.

"I don't recognize this hotel. When we went to the sea with my dad, I didn't see it," Nina says.

"Let's ask for directions again," Anna suggests.

"This way leads to the sea, doesn't it?" Nina asks a shop salesman.

"Yes, Daughter of the Sea," the salesman nods.

"It is very strange. They have paid you and me the same compliment two times today," Anna says to Nina. The girls are surprised. They walk on along the road for half an hour.

"It seems to me that we have already been on a street with the same name," Anna says.

"Yes, but the houses around look completely different," Nina answers.

"Could you tell us, how long does it take to walk from here to the sea?" Nina asks a woman with a dog.

"Daughter of the sea?" the woman

ma d'ora dei complimeti dalle donne. Lei annuisce.

"Ci siete già", risponde la donna e prosegue. Anna e Nina si guardano intorno. A destra ci sono delle case. A sinistra c'è una strada.

"Dov'è il mare qui?" domanda Anna. Nina non risponde. Prende il cellulare e chiama suo padre. Il padre chiede a Nina di raccontargli tutta la storia. La ragazza gli racconta tutto, poi ascolta suo padre e ride.

"Anna, mio padre dice che siamo andati in un'altra città. Alla fine nessuno ci ha fatto dei complimenti. Loro pensavano che noi volevamo andare in una piccola città che si chiama 'Figlia del mare'. Bat Yam in ebraico", dice Nina. Adesso ride anche Anna. Le ragazze vanno in un parco e si siedono su una panchina. Un'ora più tardi arriva il papà di Nina e le porta al mare.

asks. Nina is surprised. Women have never paid her compliments before. She nods.

"You're already here," the woman says and goes on. Anna and Nina look around. There are some houses on the right. There is a road on the left.

"Where is the sea here?" Anna asks. Nina doesn't answer. She takes out her telephone and calls her father. The father asks Nina to tell him all the story. The girl tells him everything, then listens to her father and laughs.

"Anna, my father says that we got to another city. It turns out that nobody paid us any compliments. They thought that we were going to a small town, named Daughter of the Sea. It is Bat Yam in Hebrew," Nina says. Now Anna laughs, too. The girls go to a park and sit down on a bench. Nina's father arrives in an hour and takes them to the sea.

13

Un lavoretto

A small job

 A

Vocaboli
Words

1. al posto di - instead
2. bere - drink
3. cattivo - bad
4. coccodrillo, il - crocodile
5. compito, il - task
6. confuso - mixed up
7. coraggioso - brave
8. cosa, la - thing
9. degnano di uno sguardo - pay attention
10. divertente - funny
11. durante - during
12. esame, l' - exam
13. esposizione, l' - exhibition
14. fa cadere - drops
15. furbo - sly
16. guadagnare - earn
17. guardiano, il - guard
18. immediatamente - at once
19. impiegato, l' - employee

20. importante - important
21. lunatico - capricious
22. mettere - put
23. mordere - bite
24. morso - bit
25. occupati - busy
26. ogni - each
27. palla, la - ball

28. per caso - random
29. più facile - easier
30. quarto - fourth
31. questione, la - matter
32. quinto - fifth
33. secondo - second
34. soldi, i - money
35. terzo - third

 # B

Quest'estate a Robert è accaduto qualcosa di divertente. E cioè quanto segue. Durante l'estate Robert decise di guadagnare un po' di soldi facendo il guardiano. Sorvegliava un'esposizione felina. Una volta gli fu affidato un compito importante. Doveva chiudere i gatti nelle gabbie. Doveva anche scrivere il nome di ogni gatto sulla gabbia corrispondente.

"Va bene", dice Robert, "come si chiamano questi magnifici gatti?"

"Il gatto a sinistra è Tom, accanto a lui c'è Jerry, Mickey è seduto dietro, Snickers e Barone sono a destra", gli spiega un impiegato dell'esposizione. Tutti vanno via e Robert rimane solo con i gatti. Vorrebbe bere un tè. Beve il tè e osserva i gatti. Il primo gatto si sta pulendo. Il secondo guarda fuori dalla finestra. Il terzo e il quarto vanno in giro per la stanza. E il

A funny thing happened to Robert in the summer. Here is what happened. Robert decided to earn some money as a guard during the summer. He guarded an exhibition of cats. Once an important task was given to Robert. He had to put the cats into cages. He also had to write a cat's name on each of the cage.

"OK," Robert says, "What are the names of these fine cats?"

"The cat on the left is Tom, the next one is Jerry, Mickey is in the back, Snickers and Baron are on the right," an employee of the exhibition explains to him. Everybody goes away and Robert stays alone with the cats. He wants to drink some tea. He drinks tea and looks at the cats. The first cat is cleaning itself. The second one is looking out the window. The third and fourth are walking around

59

quinto si avvicina a Robert. Improvvisamente gli morde la gamba. Robert fa cadere la tazza. La sua gamba gli fa male.

"Tu sei un gatto cattivo, proprio cattivo!" urla. "Tu non sei un gatto. Sei proprio un coccodrillo! Non puoi farlo. Chi sei, Tom o Jerry? No, tu sei Mickey! O Snickers? O forse Barone?" Improvvisamente Robert si accorge che ha confuso i gatti. Non sa i nomi dei gatti e non riesce a chiuderli nelle gabbie giuste. Robert inizia a chiamare i gatti per nome.

"Tom! Jerry! Mickey! Snickers, Barone!" ma i gatti non lo degnano di uno sguardo. Sono occupati con loro stessi. Due gatti giocano con una palla. Un altro sta bevendo dell'acqua. E gli altri stanno mangiando qualcosa. Come fa adesso a ricordare i nomi dei gatti? E non c'è nessuno che può aiutare Robert. Sono tutti già andati a casa. Allora Robert grida "micetto, micetto!" Tutti i gatti si voltano immediatamente verso Robert. E ora? Tutti guardano Robert, poi si voltano e si siedono accanto alla finestra. Stanno seduti e guardano fuori dalla finestra.

Siedono tutti là e non si sa come si chiamano. A Robert non viene in mente una soluzione. È più facile superare un esame che indovinare i nomi dei gatti.

Allora Robert decide di chiudere ogni

the room. And the fifth cat approaches Robert. Suddenly it bites him on the leg. Robert drops the cup. His leg hurts badly.

"You're a bad cat, very bad!" he cries, "You aren't a cat. You're a true crocodile! You can't do that. Are you Tom or Jerry? No, you're Mickey! Or Snickers? Or maybe Baron?" then suddenly Robert realizes that he mixed up the cats. He doesn't know the cats' names and cannot put each cat into its own cage. Robert begins to call out the cats' names.

"Tom! Jerry! Mickey! Snickers, Baron!" but the cats pay no attention to him. They are busy with their own matters. Two cats are playing with a ball. Another one is drinking water. And the others went to have some food. How can he remember the cats' names now? And there is nobody to help Robert. Everybody went home already. Then Robert calls out "Kitty kitty!" All the cats turn to once to Robert. What to do now? All the cats look at Robert then turn away and sit down by the window. They sit and look out of the window.

They all sit there, and it isn't clear what their names are. Robert can't think of anything. It is easier to pass an exam than to guess the name of each cat.

Then Robert decides to put each cat

gatto in una gabbia qualsiasi. Al posto dei loro nomi scrive sulle gabbie: bello, coraggioso, furbo, lunatico. Robert dà un nome ai cinque gatti, e a quello che lo ha morso lo chiama così: "Attenzione! Gatto che morde."

in a random cage. Here is what he writes on the cages instead of the names - Pretty, Brave, Sly, Capricious. Robert names the fifth cat, the one that bit him, this way: "Caution! Biting cat."

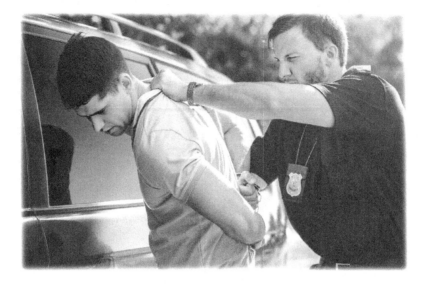

14

Alt!

Hold!

A

Vocaboli
Words

1. allegro - happily
2. allenato - trained
3. ambito, l'; settore il - (camo)field
4. conducente, il - driver
5. coscienzioso - careful
6. di prima classe, di prima categoria - top-notch
7. direttamente - straight
8. domandare - ask
9. è in riparazione - being repaired
10. edizione, l'; numero, il - issue
11. fermare - detain
12. forte - tight
13. fretta, la - hurry
14. furfante, il - scoundrel
15. giornale, il; quotidiano, il - newspaper
16. in partenza - departing
17. interesse, l' - interest
18. mercoledì, il - Wednesday
19. metropolitana, la - subway
20. mezzi di trasporto, i - transportation
21. passa, trascorre- spends

22. perdere - lose
23. piscina, la - swimming pool
24. più avanti - further
25. poliziotto - policeman
26. porte, le - doors
27. preso, acciuffato - holding
28. professionista, il - professional
29. pubblico - public
30. quattro - four

31. rimangono - remain
32. rivista, la - magazines
33. scherzano - joke
34. signora, la - Madam
35. sorpassa - overtakes
36. stipendio, il - salary
37. urla - shouts
38. venerdì, il - Friday

 # B

David studia al college. Normalmente David va al college con la sua macchina. Ma in questo momento la sua macchina è in riparazione. Così David prende i mezzi pubblici per arrivare al college - prima l'autobus e poi la metropolitana. Dopo le lezioni David va a pranzare in un caffè con i suoi amici. Durante il pranzo gli amici conversano, scherzano e si riprendono dalla lezione. Poi David va in biblioteca e lì passa quattro ore. Finisce alcuni compiti e legge dei nuovi libri e delle riviste del suo ambito di studi. David è coscienzioso e studia bene. Vuole diventare un professionista di prima categoria e guadagnare un buon stipendio. Il mercoledì e il venerdì David lascia la biblioteca due ore prima e va in piscina. David non vuole solo diventare un buon professionista ma vuole essere anche un tipo ben allenato. La sera David incontra i suoi amici o va diretta-

David studies at college. David usually drives to college in his own car. But now his car is being repaired. So David goes to college on public transportation - first by bus, then by subway. After lectures David goes with his friends to a café to have lunch. While they are having lunch, the friends talk, joke and have a rest from the lessons. Then David goes to the library and spends four hours there. He finishes some assignments, reads new books and magazines in his field. David is careful and studies well. He wants to be a top-notch professional and earn a good salary. On Wednesday and Friday David leaves the library two hours earlier and goes to the swimming pool. David wants to be not just a good professional, but a well trained man too. In the evening David meets his friends or goes straight home.

Today, on the way home, he buys the

mente a casa.

Oggi, sulla strada di casa, compra l'ultima edizione del giornale e va giù in metropolitana. David esce dalla metropolitana e vede che l'autobus si trova già alla fermata. Realizza che non fa in tempo a raggiungere l'autobus. Vede una signora anziana che corre verso l'autobus. Anche David inizia a correre. Supera la donna e corre più avanti. Anche la donna si accorge di essere in ritardo. Non vuole perdere tempo e aspettare il prossimo autobus. Urla a David: "Fermalo!" La donna vuole che David chieda al conducente dell'autobus di aspettare qualche istante. Un poliziotto non lontano dall'autobus sente la donna urlare. Il poliziotto pensa che deve fermare l'uomo che la donna sta inseguendo. Acciuffa David e lo ferma. La donna corre verso l'autobus.

"Signora, ho acciuffato questo furfante!" dice il poliziotto. La donna guarda stupita il poliziotto e dice: "Si tolga di torno, per favore! Ho fretta."

Sale tutta contenta sull'autobus e le porte si chiudono. David e il poliziotto rimangono alla fermata. E la donna li guarda con interesse dal finestrino dell'autobus in partenza.

last issue of the newspaper and goes down into the subway. David comes out of the subway and sees that his bus is already at the bus stop. He realizes that he is late for this bus. He sees an old woman running to the bus. David starts to run too. He overtakes the woman and runs further. The woman sees that she is late, too. She doesn't want to lose time and wait for the next bus. She shouts to David: "Hold it!" The woman wants David to ask the driver to hold the bus for a few seconds. There is a policeman not far from the bus. He hears what the woman shouts. The policeman thinks that he has to detain the man the woman is running after. He catches David and holds him tight. The woman runs up to the bus.

"Madam, I am holding this scoundrel!" the policeman says. The woman looks at the policeman with amazement and says: "Get out of the way, please! I'm in hurry!"

She happily gets on bus and the doors close. David and the policeman remain at the bus stop. And the woman looks at them with interest from the window of the departing bus.

15

Un regalo meraviglioso

A wonderful present

 A

Vocaboli
Words

1. ascolta - listening
2. asilo, l' - kindergarten
3. bagagliaio, il - trunk
4. Bibbia, la - Bible
5. braccia, le - arms

6. buio - dark
7. che fa le fusa - purring
8. cinque - five
9. contenta, felice - joyfully
10. corda, la - rope

11. dipingere - painting

12. dolcemente - gently

13. guida - driving

14. lega - ties

15. legge - reading

16. lontani l'uno dall'altro - apart

17. meraviglioso - wonderful

18. motore, il - engine

19. Natale, il - Christmas

20. nevica - snowing

21. pesce rosso, il - goldfish

22. più basso, verso il basso - lower

23. pregare - pray

24. punte dei piedi, le - tiptoe

25. raggiungere, arrivare a - reach

26. regala - giving

27. risponde - replies

28. Santo, il - Saint

29. si curva - bows

30. si lacera - rips

31. si piega - bends

32. sogna - dreaming

33. sta - stands

34. suona - rings

35. tavolo, il - table

36. tenta - tries

37. tira - pulls

38. urlando - crying

39. vicino - near

40. vola - flies

B

Tina è la vicina di casa di David e Nancy. È una bambina. Tina ha cinque anni. Va all'asilo. A Tina piace dipingere. Lei è una bambina ubbidiente. Natale sta per arrivare e lei aspetta i regali. Desidera un acquario con i pesci rossi.

"Mamma, vorrei dei pesci rossi per Natale", dice Tina a sua madre.

"Allora devi pregare Babbo Natale. Lui porta sempre i regali ai bambini buoni", risponde la mamma.

Tina guarda dalla finestra. Fuori è buio e nevica. Chiude gli occhi e inizia a

Tina is David's and Nancy's neighbor. She is a little girl. Tina is five years old. She goes to kindergarten. Tina likes painting. She is an obedient girl. Christmas is coming and Tina is waiting for the presents. She wants an aquarium with goldfish.

"Mom, I would like goldfish for Christmas," Tina says to her mom.

"Pray to St. Nicholas. He always brings good children presents," her mom replies.

Tina looks out the window. It is dark outside and it is snowing. Tina closes her

sognare l'acquario con i pesci rossi.

Una macchina passa davanti casa. Si ferma alla casa accanto. È David che guida. David vive nella casa accanto. Parcheggia la macchina, scende e va a casa. D'improvviso vede un gattino su un albero che miagola forte.

"Vieni giù! Micetto, micetto!", dice David. Ma il gattino non si muove. "Che posso fare adesso?" pensa David.

"So io come farti venire giù", dice David. Apre il bagagliaio della macchina e tira fuori una corda lunga. Poi lega la corda al ramo su cui siede il gattino. Lega l'altro capo della corda alla sua macchina. David entra in macchina, accende il motore e si muove poco poco. Il ramo si piega verso il basso. David va al ramo e tenta di raggiungere il gattino. Lo ha quasi raggiunto. David tira leggermente la fune con la mano e il ramo si curva ancora di più verso il basso. David si alza sulle punte dei piedi e allunga la mano. Ma in quel momento la corda si lacera e il gattino vola dall'altro lato.

"Oh-oh!" grida David. Il gattino vola nella casa accanto, in cui vive Tina. David corre dietro al gattino.

In quel momento Tina siede al tavolo insieme a sua madre. La mamma legge ad alta voce un passo dalla Bibbia e Tina

eyes and starts dreaming about the aquarium with goldfish.

A car goes past the house. It stops near the next house. David is driving. He lives in the next house. He parks the car, gets out of it and goes home. Suddenly he sees that a kitten is sitting in a tree and crying loudly.

"Get down! Kitty kitty!" David says. But the kitten does not move. "What shall I do?" David thinks.

"I know how to make you get down," David says. He opens the trunk and takes out a long rope. Then he ties the rope to a branch that the kitten is sitting on. The other end of the rope he ties to the car. David gets in the car, starts the engine and drives a little way off. The branch bends and bows lower. David comes up to the branch and tries to reach the kitten. He almost reaches it. David pulls the rope slightly with his hand and the branch bows even lower. David stands on tiptoe and holds out his hand. But at this moment the rope rips apart and the kitten flies off to another side.

"Uh-oh!" David cries. The kitten flies to the next house, where Tina lives. David runs after the kitten.

At this time Tina is sitting with her mom at the table. The mom is reading the

ascolta con attenzione. Improvvisamnete il gattino entra volando attraverso la finestra. Tina grida sorpresa.

"Guarda, mamma! Babbo Natale mi ha regalato un micetto!" grida Tina contenta. Lei prende il gattino fra le sue mani e lo accarezza dolcemente. Suonano alla porta. La mamma apre. Alla porta c'è David.

"Buonasera! Il gattino è da lei?" chiede David alla mamma di Tina.

"Sì, è qui", risponde Tina. Il micetto le siede in braccio e fa le fusa. David vede che la bambina è molto felice.

"Bene. Allora ha trovato la sua casa", dice David sorridendo e torna a casa.

Bible and Tina is listening attentively. Suddenly the kitten flies in through the window. Tina shouts in surprise.

"Look, mom! Saint Nicolas is giving me a kitten!" Tina cries joyfully. She takes the kitten in her hands and pets it gently. The doorbell rings. The mom opens the door. David is at the door.

"Good evening! Is the kitten at your place?" David asks Tina's mom.

"Yes, it is here," Tina replies. The kitten is sitting in her arms and purring. David sees that the girl is very glad.

"Very well. It has found its home then," David smiles and goes back home.

16

Confessioni in una busta da lettere

Confessions in an envelope

A

Vocaboli
Words

1. accompagna - accompanies
2. adatto - suitable
3. aereo, l' - plane
4. alba, l' - daybreak
5. amare - love
6. ambiente, l' - environment
7. ammira - admires
8. antico - ancient
9. arrabbiata - angry
10. arrivo, l' - arrival
11. arrossisce - blushing
12. attacca; riattacca (il telefono) - hangs up
13. bellezze da vedere, le - sights
14. bello - beautiful
15. biasimare - scolding
16. biglietto, il - ticket
17. brillante - bright
18. bruscamente - harshly
19. busta da lettera, la - envelope
20. caffè, il - coffee
21. capì; capito - understood
22. cartoline, le - postcards
23. cattedrale, la - cathedral
24. centro, il - centre
25. chattano - chat

26. chiude - seals
27. città natale, la - hometown
28. colorate - colorful
29. compone - composes
30. comprato - bought
31. confessione, la; dichiarazione, la - confession
32. consigliare - advise
33. corriere, il - courier
34. del luogo - local
35. detto - spoke
36. disperazione, la - despair
37. diverse - various
38. è un peccato - it's a pity
39. email, la - e-mail
40. fan, i - fans
41. fare le valigie - pack
42. forum, il - forum
43. freddo - coldly
44. impressioni, le - impressions
45. in ogni caso - certainly
46. incantato - charmed
47. incantevole - charming
48. incontrare - meeting
49. indifferente - indifferent
50. inizio, l' - beginning
51. internet - Internet
52. invita - invites
53. lettera, la - letter
54. luglio - July
55. magnifico - amazing
56. mandare - send
57. mezzogiorno, il - noon
58. moderno - modern

59. palazzi, i - buildings
60. passione, la - passion
61. per lavoro - on business
62. persona, la - person
63. più antica - oldest
64. poesia, la - poetry
65. poesie, le - poems
66. possibile - possible
67. prende - grabs
68. pronte - ready
69. raccomanda - recommends
70. reagire - react
71. riceve - receive
72. ricevuto - gotten
73. romantica - romantic
74. rosso - red
75. saluta - greets
76. semplice - simply
77. sentimenti, i - feelings
78. si comporta - behaves
79. si; a se stesso - himself
80. sparita - gone
81. spuntino, lo - snack
82. stupido - stupid
83. tale - such
84. terribile - awful
85. terribilmente - terribly
86. timidamente - shyly
87. timido - shy
88. uccidere - kill
89. vacanza, la - vacation
90. valigia, la - suitcase
91. volare, predere un aereo - fly
92. volo, il - flight

B

Robert si interessa di poesia moderna. Quotidianamente trascorre molto tempo su internet. Visita diversi forum e chat sulla poesia. In un forum per amanti della poesia incontra Elena. Anche a lei piace la poesia e scrive belle poesie. Robert ammira le sue poesie. A Robert piace molto anche lei. Lei è una studentessa. È un peccato che viva in un'altra città. Chattano tutti i giorni ma ancora non si sono mai visti. Robert sogna di incontrarla.

Un giorno Elena gli scrive che vorrebbe andare in vacanza in un'altra città. Lei dice che vuole cambiare ambiente per un po' e desidera raccogliere nuove impressioni. Robert la invita con piacere ed Elena accetta.

Arriva all'inzio di luglio e pernotta in un hotel. Robert è incantato da lei. Elena è davvero una ragazza incantevole. Il giorno del suo arrivo Robert le mostra le bellezze del luogo.

"Questa è la più antica cattedrale della città. Mi piace venire qui", dice Robert.

"Oh, qui è semplicemente magnifico!" risponde Elena.

"Ci sono posti interessanti nella tua città natale?" chiede Robert. "Mia sorella

Robert is interested in modern poetry. He spends a lot of time on the Internet every day. He often visits various poetry forums and chats there. He meets Elena at a forum of poetry fans. She likes poetry, too. She writes good poems. Robert admires her poems. And he likes Elena very much, too. She is a student. It is a pity she lives in another city. They chat on the Internet every day, but they have never seen each other. Robert dreams of meeting Elena.

One day Elena writes him that she wants to go to some other city on vacation. She says she wants to change the environment and to get new impressions. Robert invites her with pleasure. Elena agrees.

She arrives in the beginning of July and stays at a hotel. Robert is charmed by her. Elena is really a charming girl. On the day of her arrival Robert shows her the local sights.

"This is the oldest cathedral in the city. I like to come here," Robert says.

"Oh, it is just amazing here!" Elena replies.

"Are there any interesting places in your hometown?" Robert asks, "My sister

Gabi andrà lì qualche giorno per motivi di lavoro. Vorrebbe che le consigliassi qualche posto", dice lui.

"Il centro della città è molto bello", raccomanda Elena. "Ci sono molti palazzi antichi. Ma se vuole fare uno spuntino è meglio che non vada al caffè 'Big Bill'. Il caffè è terribile!"

"Glielo dirò sicuramente", dice Robert ridendo.

La sera, Robert accompagna Elena all'hotel. Per tutta la strada verso casa riflette su cosa deve fare. Vorrebbe confessarle i suoi sentimenti ma non sa come fare. Lei si comporta come una buona amica e lui non sa come potrebbe reagire alla sua dichiarazione d'amore. In sua compagnia è timido. Alla fine decide di confessarle il suo amore in una lettera. Ma non vuole mandarle il messaggio per email. Non gli sembra un modo adatto per una ragazza romatica come Elena. In un negozio vicino casa vede delle cartoline e delle buste da lettera colorate. A Robert piacciono le buste da lettera rosso brillante e ne compra una. Spera che piacerà anche ad Elena. La sera arriva Gabi, la sorella di Robert.

"Allora, ti piace Elena?" chiede.

"Sì, è davvero una ragazza incantevole," risponde Robert.

"Mi fa piacere sentirlo. Domani a mez-

Gabi is going to fly there in a few days on business. She asks you to advise her where she can go there," he says.

"The centre of the city is very beautiful," Elena recommends, "There are a lot of ancient buildings there. But if she wants to have a snack, she should not go to the coffee house 'Big Bill'. The coffee is awful there!"

"I'll certainly tell her," Robert laughs.

In the evening Robert accompanies Elena on the way to the hotel. Then all the way home he thinks about what he should do. He wants to tell Elena about his feelings, but doesn't know how to do this. She behaves with him as with a friend, and he doesn't know how she would react to his confession. He feels shy with her. That is why he finally decides to write her a confession of his love in a letter. But he doesn't want to send the letter by e-mail. It seems to him not to be suitable for such a romantic girl as Elena. He sees postcards and colorful envelopes in a shop not far from home. Robert likes bright red envelopes and he buys one. He hopes that Elena will like it, too. Robert's sister Gabi came in the evening.

"Well, do you like Elena?" she asks.

"Yes, she is a very charming girl," Robert answers.

"I'm glad to hear it. I'll fly to her city

zogiorno andrò nella sua città. Ho già comprato il biglietto", continua Gabi.

"Ti consiglia di visitare il centro della città", dice Robert.

"Okay. Per favore, ringraziala per il consiglio," replica Gabi.

Tutta la notte Robert siede al tavolo del salotto e scrive ad Elena la sua dichiarazione d'amore. Le scrive una lunga dichiarazione d'amore. All'alba chiude la lettera in una busta rossa e la lascia sul tavolo. Al mattino chiama un corriere e gli consegna la lettera. Vuole che Elena riceva il più presto possibile la sua dichiarazione d'amore. Robert è molto preoccupato e perciò va a fare una passeggiata. Un'ora dopo telefona ad Elena.

"Buon giorno, Lena", la saluta.

"Buon giorno, Robert", gli risponde.

"Hai già ricevuto la mia lettera?" le chiede arrossendo.

"Sì, l'ho ricevuta", dice fredda.

"Forse potremmo vederci e fare una passeggiata...", dice lui timidamente.

"No. Devo fare le valigie. Mi stanno già aspettando a casa", dice lei bruscamente e riattacca. Robert è semplicemente disperato. Non sa cosa deve fare. Inizia a biasimare se stesso per aver scritto la dichiarazione d'amore. In quel momento chiama sua

tomorrow at noon. I've already bought a ticket," Gabi continues.

"She advises you to visit the center of the city," Robert says.

"Okay. Thank her for the advice, please," Gabi replies.

Robert sits at the table in a living room and composes a love confession to Elena all night. He writes her a long love confession. He seals the letter into the red envelope at daybreak and leaves it on the table. He calls a courier in the morning and gives him the letter. He wants Elena to receive his love confession as soon as possible. Robert is very worried so he goes out for a walk. He calls Elena an hour later.

"Good morning, Lena," he greets her.

"Good morning, Robert," she answers him.

"Have you already gotten my letter?" he asks, blushing.

"Yes, I have," she says coldly.

"Maybe let's meet and take a walk.." he says shyly.

"No. I need to pack the suitcase. They are already waiting for me at home," she says harshly and hangs up. Robert is simply in despair. He doesn't know what to do. He begins scolding himself for having

sorella. È terribilmente arrabbiata.

"Robert, dov'è il mio biglietto aereo? L'avevo lasciato sul tavolo in salotto! Era in una busta rossa! Ma è sparito! Nella busta c'è solo una lettera! Che stupido scherzo!" urla Gabi.

Robert non riesce a crederci. Ora capisce tutto. Elena ha ricevuto dal corriere il biglietto del volo che parte oggi per la sua città. Si era convinta che lei a Robert non piacesse e che lui voleva che lasciasse la città.

"Robert, perché non diciniente?" dice Gabi arrabbiata, "Dov'è il mio biglietto?"

Robert si rende conto che oggi due due donne in una volta sola sono pronte ad ucciderlo. Ma è felice di non essere indifferente a Elena. Con quale passione ha parlato con lui! Anche lei prova dei sentimenti verso di lui! Corre felice verso casa e prende la dichiarazione d'amore sul tavolo e corre da Elena per leggergliela ad alta voce e di persona.

written the love confession. At this moment his sister calls him. She is terribly angry.

"Robert, where is my plane ticket? I left it on the table in the living room! It was in a red envelope. But now it's gone! There is a letter there! What's the stupid joke?!" Gabi cries.

Robert can't believe it. Everything is clear to him now. Elena has received a ticket for today's flight to her city from the courier. She decided that Robert doesn't like her and he wants her to leave.

"Robert, why are you silent?" Gabi is angry, "Where is my ticket?"

Robert understood that today two women at once are ready to kill him. But he is happy that Elena is not indifferent towards him. With what passion she spoke to him! She has feelings towards him, too! He joyfully runs home, grabs the love confession from the table and runs to Elena to read it to her in person.

74

17

Una specialità della casa

A specialty of the house

A

Vocaboli
Words

1. accoppiamento, l' - mating
2. avvisare - warn
3. avvolgere; impacchettare - wrap
4. brevemente - short
5. complicato - complicated
6. con gli occhi sgranati - wide-eyed
7. delizioso - delicious
8. dietro - behind
9. dipendenti, i - people
10. forno, il - oven
11. freddo - cold
12. friggere; arrostire - fry

13. gambe, le; zampe, le - legs
14. impegnarsi molto - try hard
15. iniziò - began
16. interrompe - interrupts
17. invitante - appetizing
18. minuti, i - minutes
19. pacchetto, il - packet
20. pellicola, la; carta da cucina, la - foil
21. picnic, il - picnic
22. piuttosto - pretty
23. pollo, il - chicken
24. portato - brought
25. rumore, il - noise
26. specialità, la - specialty
27. sporgenti, che sporgono - sticking out
28. spruzza - splashes
29. svenne - fainted
30. telefonare - phone
31. terribile - terrible
32. urgentemente - urgently

B

Gabi cucina un pollo con le verdure molto buono. È una sua specialità. Un giorno Robert chiede a Gabi di cucinargli questo piatto delizioso. Robert farà un picnic con i suoi amici e vuole far felici i suoi amici con un piatto gustoso. Non vuole che Gabi frigga il pollo ma che lo cuocia al forno. Ma Gabi gli propone di arrostirlo velocemente perché non ha abbastanza tempo. Robert è d'accordo.

"Gabi, non faccio in tempo a passare a prendere il pollo", le dice Robert, "verrà Elena a prendere il pollo da te. Va bene?"

"Ok", dice Gabi, "lo darò ad Elena."

Gabi mette tutto il suo impegno per cucinare bene il pollo con le verdure. È una ricetta piuttosto complicata. Ma Gabi è una

Gabi cooks a very fine chicken with vegetables. It is her specialty dish. One day Robert asks her to cook him this delicious dish. Robert is going on a picnic with his friends. He wants to please his friends with a tasty dish. He wants Gabi not to fry chicken, but to cook it in an oven. But Gabi offers him to quickly fry it because she hasn't enough time. Robert agrees to it.

"Gabi, I don't have time to come and take the chicken on time," Robert says to her, "Elena will come and will take the chicken. Okay?"

"Okay," Gabi says, "I'll give it to Elena."

Gabi tries hard to the cook chicken with vegetables well. It is a pretty compli-

cuoca eccellente. Finalmente il pollo è pronto. Il piatto ha un aspetto invitante. Gabi guarda l'orologio. Elena dovrebbe arrivare tra poco. Improvvisamente Gabi riceve una telefonata dal lavoro. Oggi Gabi è libera ma alcuni dipendenti le chiedono di fare un salto brevemente al lavoro per un problema importante. Deve andare urgentemente. In casa ci sono anche una tata anziana e un bambino. La tata ha inziato da poco a lavorare da loro.

"Devo andare via brevemente per lavoro", dice Gabi alla tata. "Tra dieci minuti verrà una ragazza a prendersi il pollo. Il pollo si sta già freddando. Deve avvolgerlo nella pellicola e darlo alla ragazza. Va bene?" chiede.

"Va bene," replica la tata. "Non si preoccupi, Gabi. Farò come ha detto."

"Grazie!" Gabi ringrazia la tata e va via per motivi di lavoro. Dieci minuti dopo arriva una ragazza

"Salve. Vengo per…", dice.

"Lo so, lo so", la tata la interrompe, "Lo abbiamo già fritto."

"Lo ha fritto?" la ragazza fissa la tata con gli occhi sgranati.

"So che non lo volevate friggere, ma non si preoccupi, lo abbiamo fritto bene. È molto gustoso! Glielo impacchetto", dice la

cated dish. But Gabi is an excellent cook. Finally, the chicken is ready. The dish looks very appetizing. Gabi looks at the watch. Elena should come soon. But suddenly they phone Gabi from work. Today Gabi has a day off, but people at work ask her to come for a short time because of some important issue. She should go urgently. There is also an old nanny and a child at home. The nanny began working for them not long ago.

"I need to go for a short time on business," Gabi says to the nanny, "A girl will come for the chicken in ten minutes. The chicken is getting cold now. You will have to wrap it in foil and give it to the girl. Okay?" she asks.

"Okay," the nanny replies, "Do not worry, Gabi, I'll do it as you say."

"Thank you!" Gabi thanks the nanny and quickly leaves on business. The girl comes in ten minutes.

"Hello. I came to take.." she says.

"I know, I know," the nanny interrupts her, "We have already fried it."

"You fried it?" the girl stares wide-eyed at the nanny.

"I know that you didn't want to fry it. But don't worry, we've fried it well. It turned out very tasty! I'll pack it for you," the

tata e va in cucina. La ragazza segue lentamente la tata in cucina.

"Perché lo ha fritto?" chiede nuovamente la ragazza.

"So che non lo volevate avere così, ma non si preoccupi", risponde la tata, "è molto buono. Ne sarà contenta."

La ragazza vede che la tata impacchetta qualcosa di fritto. Le zampe sporgono. Improvvisamente, la signora anziana sente un rumore, si volta e vede che la ragazza è svenuta.

"Oh, ma è terribile!" grida la signora anziana, "cosa faccio adesso?" Spruzza dell'acqua sulla ragazza e lei ritorna lentamente in sé. In quel momento Gabi torna a casa.

"Oh, mi ero dimenticata di avvertirla", dice Gabi alla tata, "questa è la mia amica, è venuta a riprendersi la sua gatta. L'ha portata dal nostro gatto per farli accoppiare. E qui cosa è successo?"

nanny says and goes to the kitchen. The girl slowly goes to the kitchen behind the nanny.

"Why did you fry it?" the girl asks again.

"I know that you didn't want it that way. But do not worry," the nanny answers, "It is really tasty. You will be glad."

The girl sees that the old woman wraps in a packet something fried, with its legs sticking out. Suddenly the old woman hears a noise and turns around. She sees that the girl has fainted.

"Oh, how terrible!" the old woman cries, "What shall I do now?" She splashes some water on the girl, and the girl slowly comes to. At this moment Gabi comes back home.

"Oh, I forgot to warn you," Gabi says to the nanny, "This is my friend who came to take back her cat. She brought it to our cat for mating. And what happened here?"

18

Tulipani e mele

Tulips and apples

A

Vocaboli
Words

1. aiuola, l' - flowerbed
2. anziano - elderly
3. appartiene - belongs
4. articoli (di legge), gli - articles
5. bloc-notes, il - notebooks
6. buonsenso, il - common sense
7. con entusiasmo - enthusiastically
8. cresce - grows
9. dettaglio, il - detail
10. discutono - discuss
11. disputa, la - dispute
12. fioriscono - blossom

13. giudice, il - judge
14. giurisprudenza, la; diritto, il - jurisprudence
15. interessati - interested
16. leggi, le - laws
17. mela, la - apple
18. opinione, l' - opinion
19. preferite - favorite
20. primavera, la - spring
21. provano - prove
22. punto, il; posto, il - point
23. ragione, la - sense
24. rami, i - branches
25. risolvere - resolve
26. rovinano, distruggono - break

27. sbagliati - incorrect
28. scrisse - wrote
29. scuote - shakes
30. semplice - simple
31. separato - separated
32. severo - strict
33. soluzione, la - solution
34. sovrastano - hang
35. steccato, lo; staccionata, la - fence
36. studia - studying
37. stupore, lo; meraviglia, la - astonishment
38. su, riguardo a - over
39. tribunale, il - court
40. tulipani, i - tulips

 # B

A Robert piace studiare. Una delle sue materie preferite è diritto. Il docente di diritto è un professore anziano. È molto severo e spesso dà ai suoi studenti esercizi difficili

Un giorno il professore decide di fare un test. Pone un interessante quesito riguardo a due vicini di casa. I vicini vivono a poca distanza l'uno dall'altro. C'è solo uno steccato tra le loro proprietà. Da un lato dello steccato cresce un melo. Dall'altro lato dello steccato c'è invece un'aiuola con dei tulipani. L'aiuola appartiene all'altro vicino. Ma l'albero di mele è

Robert likes studying. And one of his favorite subjects is jurisprudence. The teacher of jurisprudence is an elderly professor. He is very strict and often gives difficult tasks to the students.

One day the professor decides to give a test. He gives an interesting assignment about two neighbors. The neighbors live very close from one another. They are separated only by a fence. On one side of the fence grows an apple tree. There is a flowerbed with tulips on the other side of the fence. The flowerbed belongs to the

molto grande. I suoi rami sovrastano lo steccato e si affacciano nel giardino dell'altro vicino. Le mele cadono proprio sull'aiuola e rovinano i fiori. Il professore chiede agli studenti in che modo un giudice in tribunale potrebbe risolvere questa disputa.

Alcuni studenti ritengono che abbia ragione il proprietario dei tulipani. Altri dicono che ha ragione il proprietario dell'albero di mele. Menzionano diverse leggi che provano che hanno ragione. Gli studenti discutono tra loro l'esercizio con grande entusiasmo. Ma a questo punto il professore chiede loro di terminare la discussione.

"Ognuno di voi ha la propria opinione", dice il professore. "Aprite i vostri bloc-notes per il test e scrivete nel dettaglio la vostra soluzione per questo esercizio."

In classe c'è un gran silenzio. Tutti scrivono le loro risposte sui bloc-notes. Robert scrive che il proprietario dei tulipani ha ragione e spiega nel dettaglio la sua opinione.

In un'ora la lezione volge al termine e il professore ritira gli elaborati degli studenti. Infila tutti i test nella sua borsa ed è sul punto di andarsene. Ma gli studenti gli chiedono di restare ancora un momento. Sono interessati a sapere qual è la soluzio-

other neighbor. But the apple tree is very big. Its branches hang over the fence into the garden of the other neighbor. The apples fall from it right on the flowerbed and break flowers. The professor asks students how a judge in a court would resolve this dispute.

Some students believe that the owner of the tulips is right. Others say that the owner of the apple tree is right. They recall different laws that prove that they are right. The students discuss the assignment with each other enthusiastically. But at this point the professor asks them to stop the dispute.

"Each of you have your own opinion," the professor says, "Now open your notebooks for tests and write in detail your solution to the assignment, please."

It gets quiet in the classroom. Everybody is writing their answers in the notebooks. Robert is writing that the owner of the tulips is right and explains his opinion in detail.

The lesson comes to the end in an hour and the professor gathers the students' works. He puts the tests together in his case and is about to leave. But the students ask him to stay for a short while. They are interested to know what solu-

ne dell'esercizio.

"Professore, qual'era la risposta giusta?" chiede Robert, "tutti noi vogliamo saperlo." Il professore ride furbescamente.

"Vedete", replica il professore, "è molto semplice. I tulipani fioriscono in primavera mentre le mele cadono dall'albero in autunno. Per questo motivo le mele non possono cadere sui tulipani. Una situazione del genere non può verificarsi."

Stupiti, gli studenti comprendono che ha ragione. E questo significa che le loro risposte sono sbagliate e che riceveranno dei brutti voti al loro test.

"Ma professore, dopotutto abbiamo fatto degli ottimi test", dice uno degli studenti, "noi conosciamo le leggi abbastanza bene. Non può darci dei brutti voti per via dei tulipani."

Ma il professore scuote il capo.

"Non basta consoscere le leggi", chiarisce, "voi dovete prima usare il vostro buonsenso e poi riflettere sugli articoli della legge!"

tion to the assignment is the right one.

"Mr. Professor, what is the right answer?" Robert asks, "We all want to know it!" The professor laughs slyly.

"You see," the professor replies, "It's very simple. Tulips blossom in the spring. And apples fall down only in the autumn. That's why the apples can't fall down on the tulips. This situation can't happen."

The students understand that he is right with astonishment. And it means that their answers are incorrect and they'll get low marks for the tests.

"But Mr. Professor, after all, we wrote very good tests," one of the students says, "We know the laws quite well. You cannot give us low marks only because of tulips."

But the professor shakes his head.

"It isn't enough to know the laws," he explains, "You should turn on your common sense first and only then think of the articles of laws!"

19

Torta
Cake

 A

Vocaboli
Words

1. cassetto, il - drawer
2. cavarsela - manages
3. colla, la - glue
4. compleanno, il - birthday
5. computer, il - computer
6. confezione, la - package
7. corrispondente - according
8. credenze da cucina, le; armadi, gli - cabinets
9. crema, la - cream
10. cucina - cooking
11. culinario - culinary

12. cuocendo al forno - baking

13. cuocere in forno - bake

14. cuoio, il; pelle, la - leather

15. davvero - real

16. di otto anni - eight-year-old

17. esplosione, l' - explosion

18. figlia, la - daughter

19. forse - perhaps

20. fratello, il - brother

21. frigorifero, il - fridge

22. fumo, il - smoke

23. genitori, i - parents

24. gioco, il - game

25. incollare - gluing

26. lavoro, il - work

27. legno, il - wood

28. oggetti, gli - objects

29. omelette, l' - omelette

30. orgogliosa - proud

31. padre, il - father

32. papà, il - daddy

33. parola, la - word

34. pericoloso - dangerous

35. pieno - full

36. più basso - lowermost

37. porcellana, la - porcelain

38. profumo, il - smell

39. quaranta - forty

40. ricetta, la - recipe

41. sconcertata, confusa - confused

42. scritta, la - inscription

43. scritte in caratteri piccoli, le - fine print

44. si considera - considers

45. sorellina, la - sis

46. spalmare, ingrassare - grease

47. sporco; schizzato - splattered

48. stampa, la - print

49. talento, il - talent

50. torta, la - cake

51. tubetto, il - tube

52. zuppa, la - soup

 B

La piccola di Nancy ha otto anni e le piace cucinare. Sa preparare una deliziosa zuppa e un'omelette. Qualche volta Linda aiuta sua figlia, ma Nancy se la cava bene anche da sola. Tutti dicono che la ragazzina ha un gran talento per la cucina. Nancy ne va orgogliosa. Lei si considera una vera cuoca. Così un giorno decide di preparare un regalo per il compleanno di suo padre

Eight-year-old Nancy likes cooking very much. She can cook a delicious soup and an omelette. Linda helps her daughter sometimes, but Nancy manages on her own quite well. Everybody says that the girl has a talent for culinary. Nancy is very proud of it. She considers herself a real cook. So one day she decides to prepare a

Christian. Gli vuole cucinare una torta deliziosa. Nancy trova una ricetta per una torta. I suoi genitori vanno a lavorare e Nancy rimane a casa con suo fratello. Ma David non le presta attenzione. Sta giocando in camera sua con un videogioco per il computer. Nancy inizia a preparare la torta. Si attiene strettamente alla ricetta e sembra che lei sia in grado di fare tutto. Quando improvvisamente legge nella ricetta: "Spalmare della colla alimentare sull'impasto." Nancy è sconcertata. C'è davvero molto cibo nel frigorifero ma non c'è della colla. Inizia a cercare nelle credenze in cucina quando improvvisamente nel cassetto più in basso trova un tubetto con su scritto "colla". Tuttavia sulla confezione non c'è scritto "alimentare" Ma Nancy decide che non è poi così importante. La cosa più importante è che sia colla. Questa colla serve per incollare oggetti di legno, cuoio o porcellana. Ma Nancy non ha letto ciò che è scritto in caratteri piccoli. Spalma bene l'impasto con la colla come dice la ricetta. Poi mette l'impasto nel forno e lascia la cucina. La torta doveva cucinare in forno per quaranta minuti.

Venti minuti dopo i suoi genitori tornano a casa.

"Cos'è questo delizioso profumino che proviene dalla cucina?" chiede Christian.

present for her father Christian on his birthday. She wants to bake a delicious cake for him. Nancy finds a suitable cake recipe. The parents go to work, and Nancy stays at home with her brother. But David is not looking after her. He is playing a computer game in his room. Nancy starts preparing the cake. She follows the recipe strictly and it seems that she can do everything. When suddenly she reads in the recipe: "Grease the dough with culinary glue." Nancy gets confused. There is a lot of food in the fridge but there is no glue. She starts looking in the kitchen cabinets when suddenly in the lowermost drawer she finds a tube with the inscription 'Glue'. There isn't the word 'culinary' on the package though. But Nancy decides it is not so important. After all, the main thing it is the glue. Though, this glue is for gluing objects made of wood, leather and porcelain. But Nancy hasn't read this fine print. She greases the dough with glue according to the recipe. Then she puts the dough into the oven and leaves the kitchen. The cake should bake for forty minutes.

Twenty minutes later, the parents come back home.

"What is this delicious smell from the kitchen?" Christian asks.

Nancy stava per rispondergli quando improvvisamente sente un'esplosione in cucina! Sorspreso, Christian apre la porta della cucina e vede che è tutta piena di fumo. Lo sportello del forno è sporco d'impasto e puzza terribilmente. Christian e Linda guardano stupiti la loro figlia.

"Be' ecco, volevo preparare una torta con una deliziosa crema per papà...", dice Nancy a bassa voce.

"Cosa ci hai messo dentro?" chiede suo fratello. "Non ti proccupare sorellina! Se la tua torta è così pericolosa forse è meglio che non abbia finito di cuocere."

Nancy is about to answer him, but suddenly an explosion is heard in the kitchen! Surprised, Christian opens the door to the kitchen and they see that the whole kitchen is full of smoke, the oven door is splattered with dough and there is an awful smell. Christian and Linda look in surprise at the daughter.

"Well, I was going to bake a cake with tasty cream for the daddy..." Nancy says quietly.

"What did you put there?" the brother asks, "Don't worry, sis! If your cake is so dangerous, then it is perhaps better that it hasn't finished baking."

20

Una cena esotica

Exotic dinner

A

Vocaboli
Words

1. alternativa, l' - alternative
2. andare a vedere - drop by
3. asiatica - Asian
4. aspettati - expect
5. barbaro, il - barbarian
6. bruco, il - caterpillar
7. cameriere, il - waiter
8. centimetri, i - centimeters
9. cento - hundred
10. conto, il - bill
11. coperchio, il - lid
12. costa - cost

13. costoso, caro -expensive

14. cucina, la - cuisine

15. cuoco, il; chef, lo - chef

16. dollaro, il - dollars

17. escrementi, gli - excrements

18. esotico - exotic

19. forchetta, la - fork

20. forte - strong

21. gigantesco - huge

22. grasso - fat

23. imbarazzo, l' - embarrassment

24. incivile - uncivilized

25. incredibile - incredibly

26. infilza - stabs

27. infine - at last

28. lingua, la - language

29. lunghezza, la - length

30. mangiando - eating

31. menù, il - menu

32. migliore - best

33. nel frattemmpo - meanwhile

34. niente - nothing

35. non comuni - unusual

36. non fece - didn't

37. nord, il - north

38. paese, il - country

39. pallido - pale

40. pessimo, cattivo - poor

41. piatto, il - plate

42. prelibatezza, la - delicacy

43. provare - taste

44. quale - which

45. quindici - fifteen

46. raggiunge - grow

47. raro - rare

48. recentemente - recently

49. resuscitare, rianimare - revive

50. ristorante, il - restaurant

51. scambiare - exchange

52. sceglie - chooses

53. sciamano, lo - shaman

54. sfogliano - flip

55. sforzo, lo - strain

56. sguardi, gli - glances

57. somma, la - sum

58. spendere - spending

59. strisciare - crawling

60. sviene - faints

61. taglia, la; grandezza, la - size

62. tagliate - cut

63. tentare - try

64. tradizioni, le - traditions

65. traduzione, la - translation

66. urlare - shouting

67. usi, gli; costumi, i - customs

68. vicino - nearby

69. villaggio, il - village

70. vivo - alive

B

Robert ed Elena sono in vacanza in un Paese asiatico. A loro piace viaggiare. Robert si interessa di tradizioni e usi non comuni. E naturalmente apprendono anche qualcosa sulla cucina dei diversi Paesi. Questa volta allora decidono di andare a vedere il ristorante migliore e più noto del posto. È un ristorante piuttosto caro, ma vogliono provare i piatti più deliziosi e interessanti e non hanno nulla in contrario a spendere dei soldi. Sfogliano a lungo il menù. Non c'è la traduzione in inglese. E loro non conoscono affatto la lingua del posto, così non capiscono proprio nulla. Robert sceglie una delle portate più costose - costa duecentoventi dollari.

È lo chef stesso a portare loro la preziosa portata. Lui toglie il coperchio e nel piatto vedono molte foglie e verdure tagliate. Al centro c'è un bruco enorme e grasso di circa quindici centimetri. Il bruco non è solo enorme ma anche vivo! Elena e Robert lo fissano imbarazzati. Nel frattempo il bruco inzia a strisciare lentamente e a mangiare le foglie sul piatto tutt'intorno a lui. Di certo Elena e Robert non si sarebbero mai aspettati una cosa del genere! Anche lo chef e il cameriere

Robert and Elena take a vacation in an Asian country. They like traveling very much. Robert is interested in unusual traditions and customs. And of course they like to learn about the cuisines of different countries. So this time they decide to drop by at the best and most famous local restaurant. It is a quite expensive restaurant but they want to taste the most delicious and interesting dishes, and they don't mind spending money on them. They flip through the menu for a long time. There is no English translation in the menu. But they don't know the local language at all, so they can understand nothing. Robert chooses one of the most expensive dishes - it costs two hundred and twenty dollars.

The chef brings this expensive dish to them himself. He takes off the lid and they see a lot of cut vegetables and leaves on the plate. A huge fat caterpillar, about fifteen centimeters in length, is in the middle. The caterpillar is not only huge, but it is also alive! Elena and Robert look at it in embarrassment. Meanwhile, the caterpillar starts slowly crawling and eating the leaves around itself on the plate. Of course, Elena and Robert didn't expect something like this at all! The chef and the waiter look

osservano il bruco e non vanno via. Segue un momento gravoso. Robert prende la forchetta e infilza il bruco. Alla fine decide di mangiarlo! Lo chef lo vede e sviene. E il cameriere inizia a urlare forte in una lingua che non capiscono. Robert non capisce proprio niente. In quel momento si avvicina un altro cliente dal tavolo vicino al loro. Con un pessimo inglese spiega a Robert che non si deve mangiare il bruco. Questo è incredibilmente costoso e ci vogliono più di cinque anni affinché raggiunga quella dimensione. Gli escrementi di questo bruco che si trovano sul piatto quando inizia a mangiare le foglie vengono considerati una costosa prelibatezza. Gli escrementi di questo bruco costano duecentoventi dollari. Elena e Robert si scambiano degli sguardi senza parlare.

"Ma è terribilmente incivile!" dice Robert.

"Oh, non lo è. Loro pensano ora che sia tu il barbaro!" dice un altro cliente sorridendo. "Perché tu non capisci questa costosa cucina! Inoltre hai ucciso questo raro bruco come un vero barbaro!"

A quel punto arriva il camerire pallido e porta il conto per il bruco ucciso. Robert legge la somma e anche lui diventa pallido.

"Sa", dice Robert, "recentemente sia-

at the caterpillar, too, and don't go away. A moment of strain follows. Then Robert takes a fork and stabs the caterpillar. He decides to eat it at last. The chef sees it and faints! And the waiter starts shouting loudly in a language they don't understand. Robert understands nothing. At this point another guest of the restaurant approaches them from a nearby table. He explains to Robert in poor English that they do not eat this caterpillar. It's incredibly expensive and it takes more than five years to grow to this size. The excrements of this caterpillar, which appear on the dish when it eats leaves, are considered an expensive delicacy. These excrements of the caterpillar cost two hundred and twenty dollars. Elena and Robert exchange silent glances.

"That's terribly uncivilized!" Robert says.

"Oh, it's not. They now think that you are the barbarian!" another guest says and smiles, "Because you do not understand this expensive cuisine! Moreover you killed such a rare caterpillar, like a real barbarian!"

At this point a pale waiter comes and brings a bill for the killed caterpillar. Robert looks at the sum in the bill and also turns pale.

"You know," Robert says, "We have

mo stati in un piccolo villaggio nel nord del Suo Paese. Lì c'è un eccellente sciamano, molto bravo. Forse sarebbe d'accordo a tentare di riportarlo in vita?... Penso che possa essere una buona alternativa."

been in a very small village in the north of your country recently. There is one excellent, very strong shaman there. Maybe he will agree to try to revive it?.. I think, it's a good alternative.."

21

Belle Arti

High art

A

Vocaboli
Words

1. alta - tall
2. anima, l' - soul
3. apparenza, l' - appearance
4. arte, l' - art
5. artista, l' - artist
6. bellezza, la - beauty
7. caducità, la - frailness
8. capi d'abbigliamento, i - clothes
9. caramella, la - candy
10. comune, ordinaria - ordinary
11. confusione, la - confusion
12. contrasto, il - contrast
13. convincente - convincing
14. definitivamente - definitely

15. dimenticato - forgotten

16. dobbiamo - must

17. esteriore - outward

18. eternità, la - eternity

19. evidente - obvious

20. figure, le - figures

21. gettare via - throw out

22. imbottitura, l' - wadding

23. impressionare - impress

24. incomprensibili - incomprehensible

25. intelligenza, l' - intellect

26. interiorità, l' - inside

27. interno, interiore - inner

28. meditabondo - thoughtfully

29. metallo, il - metal

30. milioni, i - millions

31. mocio, il - mop

32. montagna, la - mountain

33. museo, il - museum

34. o... o - either ... or

35. paesaggio, il - landscape

36. più saggio in assoluto - wisest

37. plastica, la - plastic

38. profondo - deep

39. quadro, il - picture

40. raffigurate - shown

41. sapere, il - knowledge

42. scarpe, le - shoes

43. scultura, la - sculpture

44. secchio, il - bucket

45. serio - serious

46. si inventa - invents

47. significato, il - meaning

48. simbolo, il - symbol

49. simile - similar

50. sospira - sighs

51. spazzatura, la; immondizia, l' - garbage

52. specchio, lo - mirror

53. sporca - dirty

54. suona - sounds

55. uniforme, l' - uniform

56. viso, il; faccia, la - face

 # B

Un giorno Robert invita Elena ad andare in un museo d'arte moderna. Lì verrà inaugurata una nuova esposizione. A Elena piace molto l'arte. Accetta di vistare il museo, ma dice che lei non capisce assolutamente l'arte moderna. La trova troppo strana. All'esposizione vede molte cose in-	One day Robert invites Elena to the Museum of modern art. A new exhibition opens there. Elena likes art very much. She agrees to go to the museum, but she says that she does not understand modern art at all. She considers it too strange. At the exhibition they see a lot of interesting things. Elena stops near a pic-

teressanti. Elena si ferma davanti a un quadro che è stato realizzato con forchette di plastica. Osserva il quadro attentamente. Sembra un paesaggio di montagna.

"No, non fa per me", dice Elena, "gli artisti moderni sono davvero incomprensibili. In particolare quando realizzano i loro quadri con cose così strane. Guarda questo quadro! È bello?" domanda Elena. A lei quel quadro non piace. Anche Robert non capisce quest'arte. Ma a lui piace Elena. E vuole proprio impressionarla e stupirla con il suo sapere. Robert fa la faccia seria.

"Vedi", dice Robert, "l'aspetto esteriore di questo quadro non è bello. Ma tu devi vedere la bellezza interiore."

"Cosa?" chiede Elena sorpresa.

"La bellezza interiore", ripete Robert. "In questo quadro vengono raffigurate alcune montagne. In ultima analisi sono montagne di milioni d'anni. Sono un simbolo dell'eternità", spiega Robert, "ma una forchetta di plastica viene gettata via velocemente. Simboleggia la caducità. In questo contrasto c'è un significato molto profondo."

Mentre Robert parla si inventa tutto ciò. Gli sembra che suoni convincente. Elena guarda Robert imbarazzata. Poi osserva il quadro e sospira.

ture, made of plastic forks. She stares at the picture attentively. It looks like a mountain landscape.

"No, it's not my cup of tea," Elena says, "Modern artists are too incomprehensible. Especially when they make their pictures out of such strange things. Look at this picture here. Is it beautiful?" Elena asks. She doesn't like the picture. Robert doesn't understand this art either. But he likes Elena. And he really wants to impress and surprise her with his knowledge. Robert makes a serious face.

"You see," Robert says, "The outward appearance of this picture isn't so beautiful. But you have to see its inner beauty."

"What?" Elena asks in surprise.

"Its inner beauty," Robert repeats, "Some mountains are shown in this picture. After all, mountains stand for millions of years. They are a symbol of eternity," Robert explains, "But they throw out a plastic fork quickly. It is a symbol of frailness. There is a very deep meaning in this contrast."

Robert invents all this on the go. It seems to him that it sounds convincing. Elena looks at Robert in embarrassment. Then she looks at the picture and sighs.

"Andiamo avanti", propone Elena.

Proseguendo vedono molte altre cose strane. In una sala vedono una gigantesca caramella di metallo alta quanto il soffitto e una scultura realizzata con vecchie scarpe. In un'altra sala ci sono figure umane realizzate con capi di abbigliamento e con una imbottitura d'ovatta rossa all'interno. E Robert racconta a Elena qualcosa di arguto su ognuna di queste cose. "A volte queste opere d'arte sono molto simili a comune spazzatura", dice Elena.

Entrano nella stanza successiva e lì vedono uno specchio davanti al quale si trova un secchio pieno d'acqua sporca.

"Questo è davvero troppo!" dice Elena, "Questo non ha assolutamente alcun senso!"

"Oh, no, no", dice Robert meditabondo, "È evidente che questo artista è un uomo molto intelligente."

"Dici?" chiede Elena sorpresa.

"Certo", risponde Robert, "sai, in uno specchio puoi vedere il tuo viso. E puoi anche guardare in quest'acqua sporca e vederlo. L'artista vuole esprimere che ogni anima ha un lato oscuro e che noi dobbiamo guardarlo. È davvero un pensiero molto profondo. Credo sia l'opera d'arte migliore e la più saggia dell'intera esposizione", dice

"Let's move on," Elena offers.

They go further and see a lot of other strange things. In one room they see a huge metal candy as tall as the ceiling and a sculpture made of old shoes. In another room there are human figures made out of clothes with red wadding inside. And Robert tells Elena something smart about each thing. "Sometimes these works of art are very similar to ordinary garbage," Elena says.

They go to the next room and see there a mirror in front of which there is a bucket full of dirty water.

"Well, this is too much!" Elena says, "There is definitely no meaning in it!"

"Oh no-o-o," Robert says thoughtfully, "There is a very deep meaning in it. It is obvious that this artist is a very smart man."

"Is he?" Elena is surprised.

"Sure," Robert replies, "You know, in a mirror you can see your face. And you can look in this dirty water and see your face, too. The artist wants to say that every soul has a dark side. And we must look at it, too. This is a very important thought. I think, it is the best and the wisest work of art at the whole exhibi-

Robert.

"Sei così intelligente!" dice Elena prendendolo per mano. Lei ammira Robert.

In quel momento entra nella sala una donna che indossa l'uniforme di una ditta di pulizie con un mocio in mano. Si avvicina al secchio e si volta verso Robert ed Elena.

"Oh, chiedo scusa. Ho dimenticato di prenderlo", gli dice la donna. Prende il secchio e lo porta fuori la stanza.

"Cosa hai detto?" dice Elena ridendo, "L'opera d'arte migliore dell'esposizione?..."

Robert tace ed è confuso. Ma Elena è sempre più impressionata dalla sua intelligenza.

tion," Robert says.

"You're so smart!" Elena says and takes him by the hand. She admires Robert.

At this point a woman in a cleaner's uniform with a mop in her hand enters the room. She approaches the bucket and turns to Elena and Robert.

"Oh, I'm sorry. I have forgotten to take it away," the woman says to them. She takes the bucket and carries it out of the room.

"What did you say?" Elena laughs, "The best work at the exhibition?.."

Robert is silent with confusion. But Elena is still very impressed by his intellect.

96

22

Pulizie di primavera
Spring-cleaning

 A

Vocaboli
Words

1. accidentalmente - accidentally
2. bonus, i - bonuses
3. camion, i - trucks
4. chiamato - sent
5. corretto - correct
6. direttore, il - director
7. documenti, i - documents, papers
8. donazioni, le - charity
9. elettronica, l' - electronics
10. errore, l' - mistake
11. licenziamento, il - dismissal
12. licenziare - dismiss, fire
13. licenziato - fired
14. mai - ever
15. modulo, il - form
16. novità, le - news
17. parlare - talk

18. periodo di prova, il - probation period
19. periodo, il - period
20. pila, la - pile
21. polvere, la - dust
22. preciso - accurate
23. pulire - wipe off

24. pulito - clean
25. pulizia, la - cleanliness
26. sfortunatamente - unfortunately
27. ufficio, l' - office
28. vice, facente funzioni di - deputy

B

Robert studia all'università e lavora in una piccola azienda. L'azienda vende prodotti di elettronica. Robert non lavora lì da molto tempo. Il direttore elogia il suo lavoro. Robert è contento che al lavoro vada tutto bene. Ma improvvisamente il vicedirettore lo fa chiamare. Robert è molto preoccupato. Non sa perché viene fatto chiamare. Il vicedirettore gli dà il suo stipendio e i suoi documenti. Robert non capisce assolutamente nulla.

"Mi spiace doverle comunicare che lei è licenziato", dice il vicedirettore.

"Ma perché?" chiede Robert.

"Sfortunatamente non ha superato il periodo di prova", dice il vicedirettore.

"Ma il direttore elogia il mio lavoro!" obietta Robert.

"Sono davvero spiacente", ripete il vicedirettore.

Robert prende i suoi documenti e le

Robert studies at a university and works in a small company. The company sells electronics. Robert hasn't worked there for long. The director praises his work. Robert is happy that everything is going well at work. But suddenly the deputy director sends for Robert. Robert is very worried. He doesn't know why he has been sent for. The deputy director gives him his salary and documents. Robert understands nothing.

"I am very sorry to tell you this, but you're fired," the deputy director says.

"But why?" Robert asks.

"Unfortunately, you did not pass the probation period," the deputy director says.

"But the director praises my work!" Robert objects.

"I'm very sorry," the deputy repeats.

Robert takes his documents and

sue cose e lascia l'ufficio. È molto triste. Sulla strada di casa pensa per tutto il tempo al licenziamento. Gli sembra molto strano. Ma Robert non riesce ad arrivare a casa. Il direttore in persona improvvisamente lo chiama. Gli chiede di tornare per favore in ufficio e gli dice che desidera parlargli. Robert è sorpreso. Ma accetta di tornare in ufficio. Spera che lo aspettino delle buone novità. Entra nell'ufficio del direttore e vede che parla con l'addetto delle pulizie.

"Pe favore", dice all'addetto alle pulizie, "non sposti mai più i documenti sulla mia scrivania!" Non tolga neppure la polvere da qua! Mai!"

"Ma era sporco", replica l'addetto delle pulizie, "volevo solo renderlo più pulito."

Il direttore sospira e scuote la testa.

"Robert", dice il direttore, "il tuo modulo era sulla mia scrivania. E l'addetto alle pulizie lo ha spostato accidentalmente da una pila a un'altra. Cioè, il tuo modulo è stato spostato dalla pila dei 'bonus' alla pila dei 'licenziamenti'", spiega il direttore, "sono dispiaciuto per quanto è successo. Spero non accada mai più."

Robert è felice di sentire ciò. Non riesce a contenere la sua felicità.

"Quindi non mi licenzierà?" chiede

things and leaves the office. He is very upset. On his way home he thinks about this dismissal the whole time. It seems to him very strange. But Robert doesn't make it home. Suddenly the director himself calls him. He asks Robert to return to the office and says he wants to talk to him. Robert is surprised. But he agrees and returns to the office. He hopes that good news is waiting for him. He enters the director's office and sees that the director is talking to the cleaning woman.

"Please," he says to the cleaning woman, "Do not ever move the papers on my table! Don't even wipe dust off it! Never!"

"But it was dirty," the cleaning woman replies, "After all, I wanted to make it better."

The director sighs and shakes his head.

"Robert," the director says, "Your form was on my table. And our cleaning woman accidentally moved it from one pile to another. That is, your form was moved from the pile for 'Bonuses' to the pile 'To Dismiss'," the director explains, "I'm very sorry that it happened. I hope it will not happen again."

Robert is very glad to hear it. He can't believe his luck.

"So you aren't going to fire me?" Rob-

Robert. Il direttore gli sorride.

"No, non preoccuparti. Non ti licenzieremo", dice il direttore. "Siamo felici di avere con noi un lavoratore così preciso e attento."

"Grazie", dice Robert, "queste sono davvero delle belle notizie."

"L'errore del tuo licenziamente si può correggere facilmente", dice il direttore, "ma i documenti dei camion con l'elettronica sono stati spostati dalla pila 'vendere' a quella 'donazioni'. La pulizia è un affare costoso", dice il direttore guardando triste la sua scrivania pulita.

ert asks. The director smiles at Robert.

"No, we aren't going to fire you. Don't worry," the director says, "We are glad to have such an accurate and careful worker."

"Thank you," Robert says, "This is really good news."

"This mistake with your dismissal is easy to correct," the director says, "But the documents of three trucks with electronics were moved from the pile 'Sell' to the pile 'Charity'. Cleanliness is an expensive thing," the director says and looks sadly at his clean table.

23

Un taxi beige

Beige taxi

A

Vocaboli
Words

1. bagaglio, il - baggage
2. beige - beige
3. bianco - white
4. calmo - calmly
5. carica - loads
6. centralino, il - dispatchers
7. chiede - inquires
8. confermato - confirmed
9. corrisponde - coincides
10. cortese - politely
11. da qualche parte - anywhere
12. detto - told
13. esamina - examining
14. espressione, l' - expression

15. fatto, il - fact
16. forse - may
17. indirizzo, l' - address
18. meraviglia - wonder
19. nervoso - nervous
20. obbligatorio - obligatory
21. Opel, l' - Opel
22. ore tre - three o'clock
23. pazientemente - patiently
24. pesante - heavy
25. portare - carrying
26. prenotazione, la - booking
27. qualcuno - somebody
28. rabbia, la - anger
29. ricetrasmittente, la - radio
30. ripete - retells
31. senza fine - endless
32. servizio taxi, il - taxi service
33. sì - yes
34. si rifiuta - refuses
35. spiacevole, sgradevole - unpleasant
36. superare - overcome
37. targa, la - number
38. treno, il - train
39. tutto, intero - entire

B

Un giorno Robert decide di andare a trovare i suoi amici. Loro vivono in un'altra città, così Robert prende il treno per arrivare lì. Il suo treno arriva alle tre di mattina. Robert è lì per la prima volta e non ha il numero del servizio taxi di questa città. Così telefona ai suoi amici e chiede loro di chiamargli un taxi per la stazione. I suoi amici fanno quello che lui gli ha chiesto. Gli dicono che entro dieci minuti un'Opel bianca lo andrà a prendere. Robert aspetta e dopo dieci minuti arriva davvero un'Opel bianca. Il tassista mette il bagaglio di Robert nell'auto e gli domanda dove desidera andare. Robert gli dice che non conosce l'indirizzo. I suoi amici che hanno chiamato il taxi avrebbero dovuto dare l'indirizzo al tassi-

One day Robert decides to go visit his friends. They live in another city and Robert takes a train there. His train arrives there at three o'clock a.m. Robert is there for the first time. He doesn't have a phone number for the taxi services in this city. So he calls his friends and asks them to call a taxi for him to the station. The friends do as he asks. They say that in ten minutes a white 'Opel' will come for him. Robert waits, and really a white 'Opel' comes after ten minutes. The taxi driver puts Robert's baggage in the car and asks where to go. Robert explains that he doesn't know the address. His friends, who called the taxi, should have given the address to the taxi

sta.

"La mia ricetrasmittente qui non funziona bene. Quindi non posso chiedere l'indirizzo", dice il tassista, "per favore, chiedi l'indirizzo ai tuoi amici. E devi anche domandare loro il numero di telefono del servizio taxi a cui hanno telefonato", chiede il tassista.

"Perché?" chiede Robert.

"Sai, io lavoro solo su prenotazione", risponde il tassista, "forse i tuoi amici hanno chiamato un altro servizio taxi. Questo vorrebbe dire che un altro cliente mi sta aspettando e che io non posso prendere te al posto suo."

Robert chiama nuovamente i suo amici e con la sua telefonata li sveglia di nuovo. Pazientemente gli indicano l'indirizzo e il numero di telefono del servizio taxi. Robert ripete tutto al tassista

"Oh! Questo è il numero di un altro servizio taxi. Non è il numero della mia agenzia. Allora mi ha chiamato qualcun altro", dice il tassista togliendo il bagagli di Robert dalla macchina. Robert è confuso.

"Forse il tuo servizio taxi ha diversi numeri telefonici", suppone Robert, "a me è stato detto che entro dieci minuti sarebbe venuta a prendermi un'Opel bianca. E proprio dopo dieci minuti è arrivato lei. Inoltre ha un'Opel bianca e non ci sono altri taxi qui."

driver.

"My radio works badly here. So I can't get the address," the taxi driver says, "Find out the address from your friends, please. And it is obligatory to ask them for the telephone number of the taxi service they called," the taxi driver demands.

"Why?" Robert inquires.

"You see, I work only on booking," the taxi driver replies, "Your friends may have called another taxi service. Then it means that another client is waiting for me and I can't take you instead of him."

Robert calls his friends again and wakes them up with his call again. They patiently name the address and the phone number of the taxi service. Robert retells all this to the taxi driver.

"Oh! This is the phone number of another taxi service. This is not the phone number for my taxi service. Then somebody else called me," the taxi driver says and takes Robert's baggage out of the car. Robert is confused.

"Your taxi service may have several different numbers," Robert supposes, "I was told that a white 'Opel' would come for me in ten minutes. And you came exactly in ten minutes. After all, you have a white 'Opel', and there aren't any other taxis here.

"No", dice il tassista, "adesso è chiaro che ti verrà a prendere un altro taxi. Il fatto è che la mia Opel non è bianca ma beige, mentre tu qui devi aspettarne una bianca."

Robert si guarda meglio la macchina. Forse è beige. Ma alle tre di notte, al buio, non è così facile distinguere qualcosa. Il tassista guida fino al lato della strada, parcheggia e aspetta il suo cliente. E Robert si trova di nuovo solo nei pressi dell'edificio della stazione. Ha freddo ed è davvero stanco. Passano altri dieci minuti, ma l'Opel bianca non arriva. I suoi amici si preoccupano e lo chiamano. Si meravigliano che lui non sia ancora arrivato a casa da loro. Robert gli spiega cosa è successo.

Qualche minuto dopo lo richiamano e gli dicono che la macchina è già sul luogo ad attendere. Glielo ha appena confermato il servizio taxi. Robert gira per tutta l'area della stazione ma non riesce a trovare il suo taxi. Il tempo passa e sono già le tre e mezza. Gli amici di Robert vorrebbero andare a dormire e si stanno innervosendo. Non capiscono perché non riesce a trovare il suo taxi. Richiamano Robert ancora una volta e gli dicono la targa dell'auto. A Robert sembra di vivere un incubo senza fine. Trascinando il suo bagaglio pesante gira per tutta la stazione ed esamina le targhe delle macchine. Ma non c'è da nessuna parte una macchina con quella targa. Quando improvvisamente, dopo aver camminato a

"No," the taxi driver says, "It is now clear that another taxi will come for you. The fact is that my 'Opel' isn't white, but beige. And you have to wait for the white one."

Robert looks at his car. It may be beige. But at three o'clock at night, in the dark, it is not easy to see. The taxi driver drives off to the side, stops and waits for his client. And Robert stands alone again near the building of the station. He is cold and he really wants to sleep. Ten minutes more pass, but the white 'Opel' doesn't come. The friends worry and call Robert. They wonder why he is not at their house yet. He explains to them what happened.

In a few minutes they call again and say that the car is already at the place. The taxi service has just confirmed it. Robert goes around all the area of the station, but doesn't find his taxi. Time passes, and it's already half past three. Robert's friends want to go to sleep. They begin to get nervous. They don't understand why Robert can't find his taxi. They call Robert again and tell him the number of the car. It seems to Robert that he is watching an endless and unpleasant dream. He goes around the entire station, carrying the heavy baggage behind him, and examining the numbers of the cars. But there isn't a car with this number anywhere. When suddenly after walking for a long time he finds out that the

lungo, scopre che la targa della macchina corrisponde con quella del tassista dell'Opel beige.

Robert è arrabbiatissimo. Torna dal tassista e gli spiega tutto. Fa del suo meglio per parlare in modo calmo e cortese.

"Eh, cose da non credere!" dice il tassista e carica di nuovo il bagaglio di Robert in macchina. Robert fa del suo meglio per reprimere la rabbia. In fondo è andato in giro per la stazione per un'ora con la sua valigia pesante e non ha fatto dormire i suoi amici! E tutto questo perché questa persona si rifiuta di vedere che la sua macchina è bianca! E a tutto ciò lui risponde "Uhm!"

"E per quel che riguarda il fatto che la sua macchina non sia bianca ma beige?" domanda Robert.

"Sì, mi dispiace che il centralino lo confonda", risponde il tassista con un'espressione placida sul volto. "Bene, ha l'indirizzo?"

Ovviamente Robert non riesce più a ricordarsi l'indirizzo. Comprende che deve chiamare nuovamente i suoi amici. E suppone che non saranno più felici del suo arrivo.

number coincides with the car number of that taxi driver of beige 'Opel'.

Robert is very angry. He comes back to the taxi driver and explains to him all this. He tries his best to speak calmly and politely.

"Hum, just think of it," the taxi driver says and loads Robert's baggage into the car again. Robert does his best to overcome anger. After all, he has already walked around the station with heavy suitcase for an hour and didn't let his friends sleep! And just because this person refuses to consider his car white! And to all this he replies "Hum"!

"And how about the fact that your car isn't white, but beige?" Robert asks.

"Yes, it hurts me too, that dispatchers mix it up," the taxi driver answers with a calm expression on his face, "Well, have you confirmed the address?"

Of course Robert doesn't remember the address anymore. He understands that he must call his friends again. And it seems to him, that they aren't glad about his arrival anymore.

24

L'albero di Natale

Christmas tree

 A

Vocaboli

Words

1. acquisti, gli - purchases
2. caricare - loading
3. ciao - bye
4. conclude - concludes
5. conversazione, la - conversation
6. decorazioni, le - decorations
7. entra, sta - fit
8. fatica, la - difficulty
9. festa, la - celebration
10. festosa - festive
11. forbici, le - scissors

12. fuochi d'artificio, i; botti, i - fireworks
13. legare - tie
14. loro stessi - themselves
15. maschere, le - masks
16. negozio, il - store
17. okay, d'accordo - okay
18. piede, il - foot
19. più tardi - afterwards
20. posto di lavoro, il - workplace
21. punta, la; cima, la - top
22. ragazzi, i - boys
23. saldamente - tightly
24. scherzo, lo - prank
25. servizio di consegna, il - delivery service
26. spazzatura, la - trash
27. tempo libero, il - spare time
28. tutti - everyone
29. uscita, l' - exit

 # B

Robert trascorre volentieri il suo tempo libero leggendo libri. A David piace giocare con i videogiochi per computer. Si diverte a fare degli scherzi a sua sorella e ai suoi amici. Robert e David hanno anche degli interessi in comune. A entrambi piacciono le feste in famiglia. Il Natale è la festa preferita da Robert e David. Ogni anno vanno in un supermercato e comprano un albero di Natale. Anche quest'anno Robert e David vanno insieme in un supermercato. Qui David compra dei regali di Natale per i suoi parenti. Robert compra le decorazioni per la notte di San Silvestro, botti, maschere e sorprese divertenti.

Poi vanno a scegliere l'albero di Natale. Scelgono un albero enorme e alto. Robert e David lo prendono e lo portano a fatica fino all'uscita. I ragazzi non vedono

Robert likes to spend his spare time reading books. David likes playing computer games. He also likes playing pranks on his sister and his friends. Robert and David have common interests too. They like family celebrations. Christmas is Robert's and David's favorite celebration. They go to a supermarket to buy a Christmas tree every year. This year Robert and David go to a supermarket together as well.

David buys Christmas gifts for his relatives in the supermarket. Robert buys ew Year's decorations, fireworks, masks and funny surprises. Afterwards they go to choose a Christmas tree. They choose a fine tall tree. Robert and David pick it up and carry it to the exit with difficulty. They pay for the purchases and go to the

nelle vicinanze il servizio di consegna. Così Robert e David iniziano a caricare da soli l'albero di Natale. L'albero di Natale non entra nel bagagliaio. Allora decidono di legarlo sul tettuccio della macchina. Robert entra nel negozio e acquista una corda robusta. Robert e David coricano l'albero di Natale sul tettuccio dell'auto. Lo devono solo legare saldamente. In quel momento in macchina squilla il cellulare di Robert. È Gabi, sua sorella. Robert entra in macchina e risponde.

"Ciao", dice.

"Ciao, Robert!" dice Gabi.

"Ciao, Gabi! Come stai?" replica Robert. David inizia a legare da solo l'albero. La conversazione tra Robert e Gabi dura circa tre minuti. "Robert, ho già legato l'albero di Natale", dice David. "Devo andare velocemente al lavoro per un minuto, così va' pure senza di me", conclude David. Il posto di lavoro è vicino al supermarket e desidera andarci a piedi.

"Ok. Hai legato bene l'albero di Natale?" chiede Robert.

"Non ti preoccupare, l'ho legato bene. Ciao", risponde David sorridendo furbescamente a Robert, e va. Robert guida verso casa di David. Sulla strada gli altri guidatori gli sorridono. Tutti oggi sono in un'atmosfera festosa! Robert guida fino a

exit. The boys don't see that a delivery service is nearby. Robert and David begin loading the Christmas tree themselves. The Christmas tree does not fit in the trunk. So they decide to tie it to the top of the car. Robert goes to the store and buys a strong rope. Robert and David put the Christmas tree on the top of the car. They just need to tie it tightly. At this moment Robert's phone rings in the car. Gabi, his sister, calls him. Robert gets into the car and answers the call.

"Hello," he says.

"Hello, Robert!" Gabi says.

"Hello, Gabi! How are you?" Robert replies. David begins tying the New-Year's tree himself. Robert's and Gabi's conversation lasts about three minutes. "Robert, I have already tied the Christmas tree," David says, "I have to go to work urgently for a minute, so go without me. I'll come in about twenty minutes," David concludes. His workplace is near the supermarket and he wants to go there on foot.

"Okay. Have you tied the Christmas tree tightly?" Robert asks.

"Don't worry. I've tied it well. Bye," David replies, smiles slyly to Robert and leaves. Robert drives to David's house. On his way other drivers smile at him. Robert also smiles at them. Everyone has a fes-

casa di David. Ferma la macchina. Robert tenta di aprire la portiera della macchina. Ma la portiera non si apre. Adesso Robert nota che la corda è legata attraverso i finestrini aperti. Non può uscire dall'auto perché David ha legato anche le portiere. Robert telefona ai genitori di David. Risponde la sorella di David.

"Sì", dice Nancy.

"Nancy, sono Robert, potresti uscire un momento? E per favore porta un paio di forbici con te", risponde Robert. Nancy esce e vede che Robert è seduto nell'auto e che non può uscire. Inzia a ridere. Inoltre vede una pattumiera sull'auto. Robert taglia la corda ed esce dall'auto. Anche lui vede la pattumiera! Robert vede che la corda è legata alla pattumiera. Robert ha guidato per tutto il tempo con la pattumiera dietro. David gli ha fatto uno scherzo mentre parlava con Gabi!

"Adesso capisco perché gli automobilisti sorridevano!" dice Robert ridendo. Non è arrabbiato con David, ma sa già quale scherzo gli farà.

tive mood today! Robert drives up to David's house. He stops the car. Robert tries to open the door of the car. But the door doesn't open. Now Robert sees that the rope goes through the open windows. He can't get out because David also tied the doors. Robert calls David's parents. David's sister answers the call.

"Yes," Nancy answers the call.

"Nancy, this is Robert. Could you go outside? And bring scissors, please," Robert asks. Nancy goes outside and sees that Robert sits in the car and can't get out. She starts laughing. Besides, she sees a trash can near the car. Robert cuts the rope and gets out of the car. He sees the trash can too. Robert sees that the rope is tied to the trash can. Robert was driving with the trash can behind all way! It is a prank that David played on him when Robert was talking to Gabi!

"Now I see why the drivers smiled!" Robert laughs. He isn't angry with David, but he already knows what prank he will play on him.

25

Un grande incendio

Big fire

Vocaboli

Words

1. allagamento, l' - flood
2. brucia - burns
3. cinema, il - cinema
4. colpa, la - fault
5. comoda - comfortably
6. dimenticò - forgot
7. ferro da stiro, il - iron
8. film d'azione, il - action film
9. film, il - film, movie

10. foto, le - photos
11. godersi - enjoy
12. influenza, l' - influence
13. inquicta - uneasy
14. mettersi comodo - settles down
15. moglie, la - wife
16. perdonare - forgive
17. prezioso - valuable
18. rubinetto, il - faucet

19. sala cinematografica, la - cinema hall
20. scena, la - scene
21. sigaretta, la - cigarette

22. spegnere - switch off
23. tesoro, il - darling
24. trascorrono - spend

 # B

Normalmente i genitori di David e Nancy trascorrono il fine settimana in casa. Ma oggi Linda e Christian vanno al cinema. Christian chiude la porta. Non c'è nessno in casa. David e Nancy sono andati a trovare Robert e Gabi.

Linda e Christian entrano nella sala cinematografica e si siedono. Il film inizia. È un film d'azione. A Linda e Christian piacciono i film d'azione. Improvvisamente Linda dice: "Tesoro! Credo che tu abbia dimenticato di spegnere una sigaretta a casa."

"Ti sembra. È tutto ok. Rilassati e goditi il film", risponde Christian tranquillo a sua moglie.

"Sì, hai ragione, Christian", dice Linda. Si mette comoda sulla sedia, sorride e guarda il film. Ma improvvisamente nel film c'è la scena di un incendio. Linda urla: "Christian! E se avessi dimenticato di spegnere il ferro da stiro?"

"Linda, il film non ti fa bene!" dice Christian. Linda tenta di calmarsi. Ma non dura a lungo. Dice nuovamente: "Christian, perché non lo capisci? Il fuoco brucia tutto -

David and Nancy's parents usually spend their weekends at home. But today Linda and Christian are going to the cinema. Christian locks the door. There is nobody at home. David and Nancy went to visit Robert and Gabi.

Linda and Christian come into the cinema hall and take their sits. The movie begins. It's an action movie. Linda and Christian like action movies. Suddenly Linda says: "Darling! It seems to me that you forgot to put out a cigarette at home."

"It just seems to you. Everything is okay. Calm down and enjoy the film," Christian replies quietly to his wife.

"Yes, you're right, Christian," Linda says. She settles down comfortably in the chair, smiles and watches the film. But suddenly a fire scene appears in the film. Linda cries out: "Christian! What if I forgot to switch off the iron?"

"Linda, the film has a bad influence on you!" Christian says. Linda tries to calm down. But it does not last long. She says again: "Christian, why can't you un-

dicumenti, soldi, foto, oggetti di valore! Non riesco a rimanere seduta più a lungo!" Linda si alza e va verso l'uscita. Christian le corre dietro. Prendono un taxi e tornano a casa. Christian è molto triste. Voleva passare la serata guardando un film interessante con sua moglie.

"Linda, mi dispiace, ma a volte rovini tutto! Non vedevo l'ora di vedermi un film con te, di passeggiare e poi di notte andare in un caffè in centro!" dice Christian. Linda si sente in colpa.

"Christian!"

"Perdonami, Christian! Sono così inquieta", dice Linda a suo marito.

Christian è contento che sua moglie ammetta il suo errore. Arrivano a casa e scendono dall'auto.

"Christian!",urla Linda. Guardano la casa. E cosa vedono? Davanti casa ci sono i pompieri e alcuni poliziotti. Christian e Linda corrono in casa. Dentro non c'è alcun incendio ma un allagamento! Linda aveva dimenticato di chiudere un rubinetto quando andò al cinema con suo marito.

derstand? Fire burns everything - documents, money, photos, valuable things! I can't sit here anymore!" Linda gets up and goes to the exit. Christian runs after her. They take a taxi and go home. Christian is very upset. He wanted to spend this evening with his wife watching an interesting film.

"Linda, I am sorry, but sometimes you spoil everything! I wanted to watch a film with you so much and then walk in the city at night, go to a café!" Christian says. Linda feels guilty.

"Forgive me, Christian! I just feel very uneasy," Linda says to her husband. Christian is pleased that his wife admits her fault. They arrive at their house and get out of the car.

"Christian!" Linda cries. They look at their house. And what they see? In front of the house there is a fire truck and several policemen. Christian and Linda run into the house. There isn't a fire, but a flood! Linda forgot to turn off a faucet, when she went out with her husband to the cinema.

26

Attenzione, cane furioso!

Beware of angry dog!

 A

Vocaboli
Words

1. abbaiando - barking
2. abbaiare - bark
3. avventato contro - rushed
4. brivido, il - chill
5. catena, la - chain
6. compone - dials
7. conoscente, il - acquaintance
8. cuccia, la - doghouse
9. disciplinato - disciplined
10. filo, il - thread
11. gomma, la - rubber
12. in modo strano - strangely
13. insolitamente - unusually
14. laccio emostatico, il - tourniquet
15. medico - medical
16. metri, i - meters
17. portone, il - gate
18. robusta, forte - strongly
19. sapendo - knowing
20. schiantato - crashed
21. strappò - tore
22. temperamento, il - temper
23. temporaneamente - temporary
24. tendere, allungare - stretch

25. tirato violentemente; lanciato - threw
26. tuttavia - nevertheless
27. utilizzando - using
28. visto - saw

B

Un giorno Robert si reca a fare visita ad un conoscente. In casa lui ha un grosso cane. Normalmente è legato vicino alla sua cuccia. La segnalazione sul portone "Attenzione, cane rabbioso" è proprio vera. Robert conosce bene il temperamento del cane, per questo sta molto lontano dal cancello e compone il numero di telefono del suo conoscente. Lui vuole che il suo conoscente venga fuori e tenga fermo il cane. Così Robert può entrare velocemente in casa.

Tuttavia il cane sente Robert ed esce dalla sua cuccia per abbaiare. Benché un recinto lo separi dal cane, Robert sente un brivido lungo la schiena - il cane gigantesco è legato solo a una corda sottile, quasi un filo...

Ma il cane questa volta si comporta in modo strano. Corre verso Robert ma per tutto il tempo guarda indietro verso la corda. Corre finché la corda si tende un po' e poi rimane fermo. E solo dopo inizia ad abbaiare forte contro Robert. Il suo conoscente esce e tiene indietro il cane. Lui e il suo conoscente entrano in casa.

"Come mai è così insolitamente discipli-

One day, Robert goes to visit his acquaintance. He has a big dog at home. The dog is usually tied to a chain near its doghouse. The notice on the gate 'Beware of angry dog' is completely true. Knowing the dog's temper, Robert stops far away from the gate and dials the acquaintance's phone number. He wants his acquaintance to go out and hold his dog. Then Robert can quickly go in the house.

The dog nevertheless hears Robert and runs from the doghouse to bark. Even though Robert is separated from the dog by a fence, he feels a chill inside - the huge dog is tied only to a thin rope, almost a thread...

But the dog behaves strangely this time. It runs to Robert but looks back at the rope all the time. It runs to a place, where the rope stretches a little, and stops. And only then it starts barking loudly at Robert. His acquaintance comes out and holds the dog back. Robert and his acquaintance go into the house.

114

nato?" chiede Robert, "una volta quasi strappava la catena - per quanto violentemente si era avventato per attaccare."

"Non solo la catena", risponde il conoscente di Robert, "con che cosa non l'ho legato?! Ho provato di tutto. Quando ha rotto l'ultima catena robusta non avevo più niente per poterlo legare. Avevo solo un laccio emostatico di gomma. Pensavo, be', lo lego così, temporaneamente, finché non vado in un negozio a comprare una nuova catena. Lo avevo legato bene e poi passò un vicino. Come al solito il cane gli si è avventato contro abbaiando. Ma questa volta il laccio di gomma si è allungato ed ha tirato violentemente indietro il cane per quasi tre metri! Si è schiantato sulla cuccia. E questo è successo un paio di volte. Il giorno dopo mi sono accorto che il cane era più prudente. Faceva attenzione tutto il tempo a che il laccio di gomma non si allungasse. Non ho avuto tempo per acquistare una nuova catena. E mia madre recentemente ha avuto bisogno del laccio emostatico. Gliel'ho tolto e l'ho dato a lei. Già da qualche giorno sto utilizzando questa corda sottile. Ma il cane è diventato più prudente!

"Why is it so unusually disciplined?" Robert asks, "Before, it almost tore the chain - it rushed to attack so strongly."

"Not only the chain," Robert's acquaintance replies, "What haven't I tied it with? I tried everything. When it tore the last strong chain, there wasn't anything any more with which to tie it. I only had a medical rubber tourniquet. Well, I thought, I'll tie it temporary till I go to a store for a new chain. I tied it and just then a neighbor came by. So, the dog as always rushed barking. But this time the rubber tourniquet stretched and then threw the dog back by about three meters! It crashed into the doghouse. Then the same happened a few more times. The next day I saw that the dog became careful. It watched all the time that the tourniquet didn't stretch. I didn't have time to go for a new chain. And my mom recently needed the tourniquet. I took it off and gave it to her. I have been using this thin rope for several days already. But the dog became careful!"

L'errore di Marte

Mars's mistake

 A

Vocaboli
Words

1. casa, la; famiglia, la - household
2. catturato - caught
3. cavo, il - cord
4. ci riesce - succeeds
5. con successo - successfully
6. concluso - ended
7. di rado; raramente - seldom
8. elettrico - electric
9. essere fortunato - be lucky
10. file, il - file
11. giustiziere, il; boia, il - executioner's
12. Marte - Mars
13. medievale - medieval

14. pace, la - peace
15. perdonato - forgiven
16. poltrona, la - armchair
17. possibilità, la - option
18. presa elettrica, la - socket
19. schermo, lo - screen
20. sembrare - appear

21. sensate - sensible
22. sotto - under
23. spina, la - plug
24. spingere - pushing
25. tappeto, il - carpet
26. uragano, l' - hurricane
27. zampa, la - paw

B

Una sera David siede sul sofà e legge una rivista. Sua madre siede vicino e sta al computer a sbrigare un po' di lavoro. C'è pace e silenzio... E poi Marte, il gatto, si precipita nella stanza. È un vero uragano in casa! In soli cinque secondi corre tre volte per la stanza, si aggrappa ad un tappeto e da lì salta direttamente su David, poi corre sotto il sofà, risbuca fuori, si scuote e fa altre cento cose non molto sensate. Poi si siede nel mezzo della stanza e riflette - ma cosa'altro ancora doveva combinare? Giocare con qualcuno della famiglia adesso non è possibile. In quel momento il gatto nota il cavo elettrico del computer. Il gatto salta su una poltrona e inizia a giocare con il cavo. Prima che David possa fare qualcosa, il gatto riesce a concludere il compito che aveva iniziato. La spina si sfila un po' dalla presa elettrica. E... il computer si spegne! La mamma di David guarda lo schermo nero e non capi-

One evening, David is sitting on a couch and reading a magazine. His mom is sitting nearby at the computer and doing some work. Peace and quiet... And here the cat Mars rushes into the room. It is a real household hurricane! In just five seconds it runs around the room three times, climbs on a carpet, jumps off there directly on David, then gets under the couch, gets out of there, shakes himself off and does a hundred other not very sensible things. Then the cat sits down in a middle of the room and thinks - what else should it do? Playing with someone from the family is not an option right now. At this point the cat notices a computer electric cord. The cat jumps on an armchair and starts playing with the electric cord. Before David has time to do anything, the cat manages to finish the task it has started. The electric plug goes a little out of the socket. And... the computer turns off! Da-

sce cosa sta succedendo. Di colpo si ricorda che ha salvato il file sul computer due ore fa. Linda si gira lentamente verso il gatto e sul suo viso si può distinguere il ghigno di un boia medievale. Il gatto inizia a sentire che si avvicina la fine della sua vita felice. Ma ha miagolato così poco, ha catturato così pochi topi, ha giocato così di rado con Fedora, la gatta del vicino! E così Marte si volta verso la spina che non si era completamete sfilata dalla presa e inzia con la sua zampina a spingerla di nuovo dentro. Probabilmente spera che verrà perdonato se riuscirà a risistemare tutto. E ci riesce! La spina s'infila nella presa e il computer si accende! Marte lascia velocemente la stanza e si sdraia vicino a una finestra in cucina. Guarda la strada e probabilmente pensa che è stato molto fortunato che tutto si sia concluso con successo.

vid's mother looks at the black screen and does not realize what's going on. Suddenly she remembers that she saved a file on the computer two hours ago. Then Linda slowly turns to the cat and a medieval executioner's smile starts to appear on her face. The cat begins feeling that the end of its happy life is coming. But it has meowed so little, it has caught so few mice, it has played so seldom with the neighbor cat Fedora. And then Mars turns to the plug that isn't completely out of the socket, and with its paw starts pushing it back into the socket. It probably hopes that if it can fix everything, it will be forgiven. And it succeeds! The plug goes into its place and the computer turns on! Mars quickly leaves the room and lies down by a window in the kitchen. It looks at the street and probably thinks it must be lucky that everything ended so successfully.

28

Saltare la fila

Cutting in line

A

Vocaboli
Words

1. arrabbiata - angrily
2. bottega, la; negozietto all'angolo, il - convenience store
3. campioni, i - samples
4. cassa, la - cash register
5. chilogrammo, il; chilo, il - kilogram

6. commessa, la - saleswoman
7. compagno di scuola, il - schoolmate
8. contanti, i - cash
9. contro - against
10. dal - since
11. detto - said
12. direttore - manager
13. ex - former
14. fiera - proudly
15. formaggio, il - cheese
16. indignazione, l' - outraged
17. insolenza, l' - impudence
18. motivi, i - circumstances
19. organizzazione, l' - organization
20. pagnotta, la; forma, la - loaf
21. pane, il - bread
22. pomodoro, il - tomato
23. questi - those
24. ragazzo, il - chap
25. rischio, il - risk
26. salame, il; affettati, gli - sausage
27. saliva - stepped
28. saltare la fila - cutting the line
29. scusarsi - apologize
30. si rivolge a - addresses
31. signore, il - mister
32. sorregge - supports
33. sorvegliando - supervising
34. spiegazione, la - explanation
35. succo, il - juice
36. umile - modest
37. vendetta, la - revenge
38. venduti - sold

B

Un giorno David va al negozietto all'angolo per comprare degli affettati e del formaggio. Ci sono molte persone nel negozio. David si mette in fila e si guarda intorno. Un ex compagno di scuola di David, Michael, entra nel negozio e va direttamente alla cassa senza rispettare la fila. Michael a scuola era un ragazzo umile. Se qualcuno gli pestava un piede era lui a chiedere scusa. Non era cambiato da allora e se aveva deciso di saltare la fila, allora dovevano esserci dei motivi molto seri.

One day, David goes into a convenience store to buy some sausage and cheese. There are a lot of people in the store. David takes a place in the Line and looks around. David's former schoolmate, Michael, enters the store and goes right to the cash register, without paying any attention to the Line. Michael was a modest boy at school. If somebody stepped on his foot, he was the one who apologized. He has not changed since then, and if he decided to jump the Line, then the circum-

Scusandosi più volte con le persone in fila si rivolge alla commessa per nome e dice: "Julia per favore, dammi un chilo di salame, una pagnotta e una confezione di succo di pomodoro."

Sorpresi da questa insolenza, le persone in fila esprimono sdegno per il comportamento di Michael. Michael risponde "mi dispiace" o "scusa" a ogni frase che è rivolta contro di lui. Quando va via dalla fila scusandosi ancora una volta, le persone parlano con la commessa e pretendono una spiegazione.

"Ciao, Michael!" gli dice David sorridendo, "come stai vecchio mio?"

"David!" dice Michael, "Ciao, mio caro! Non ci vediamo da molto tempo!"

Ma le persone in fila non si calmano. Una signora anziana piccolina chiede del direttore.

"Direttore," dice la commessa all'ex compagno di classe di David, "domandano di lei!"

"Anche se lei è il direttore non ha alcun diritto di trasgredire le regole!" urla arrabbiata la signora anziana. Con la borsa tira un colpo sulla gamba di Michael e lascia fiera il negozio. David sorregge Michael affinché non cada. Guardano le altre persone in fila con prudenza. Ma queste

stances are very serious for sure. Having apologized to the Line several times, Michael addresses the saleswoman by name: "Julia, give me a kilogram of sausage, a loaf of bread and a pack of tomato juice, please."

Surprised for a moment by such impudence, the Line gets outraged with Michael. Michael says 'I'm sorry' or 'I apologize' to every phrase said against him. When he apologizes once more and walks away from the Line, people talk to the saleswoman demanding an explanation.

"Hello, Michael!" David says to him with a smile, "How are you, old chap?"

"David!" Michael says, "Hello, my dear! Long time no see!"

But people in the Line do not calm down. A little old woman demands the manager.

"Mister manager," the saleswoman says to David's former schoolmate, "They are demanding you!"

"Although you're the manager, you still don't have the right to break the rules!" the old woman cries angrily. She hits Michael's leg with her bag and proudly leaves the store. David supports Michael so that he does not fall. They look at the other people in the Line with caution.

sono già soddisfatte della vendetta della donna anziana e si allontanano.

"Una società di controllo e sicurezza alimentare chiede urgentemente dei campioni dei generi alimentari che vengono venduti nel nostro negozio", spiega Michael a David. "Non mi sarei mai immaginato che avrei corso un simile rischio chiedendo alla commessa di darmi questi campioni."

But those are satisfied with the old woman's revenge and turn away from them.

"A supervising organization urgently demands samples of some of the food sold in our store," Michael explains to David, "I didn't think I would take a risk when I asked the saleswoman to give me these samples."

29

Posto numero tredici

Seat number thirteen

 A

Vocaboli

Words

1. account, l' - account
2. autobus, l' - bus
3. bacia - kisses
4. cancella - deletes
5. connessione, la; linea, la - connection
6. conoscente, il - acquaintance
7. contento - gladly
8. entrando - joining
9. esercizio, l' - exercise
10. Forze Armate, le - army
11. frasi, le - sentences
12. galleria, la; tunnel, il - tunnel
13. ieri - yesterday
14. illuminarsi - light
15. inatteso, inaspettato - unexpectedly
16. laptop, il - laptop
17. libro di testo, il - textbook
18. messaggio, il - message
19. non riesce - cannot
20. parte - departs
21. passare - pass

22. piangere - cry
23. posto a sedere, il - seat
24. preoccupata - worried
25. profilo, il - profile
26. ricaricare - charge
27. scrivere un post, postare - post
28. spagnolo, lo - Spanish
29. sposare - marry
30. sprecare - waste
31. squillare - ringing

32. sta chiamando - calling
33. studiare - study
34. tablet, il - tablet
35. testo, il - text
36. tradurre - translate
37. tram, il - tram
38. tredici - thirteen
39. Twitter -Twitter
40. uscire da un account - log out

B

Robert va a fare visita alla sua fidanzata Elena. Non le dice nulla perché vuole farle una sorpresa. Vuole chiederle di sposarlo.

Robert compra un biglietto dell'autobus. Il viaggio dura due ore. Robert non vuole sprecare tempo. Porta con sé un libro di testo. Vuole studiare lo spagnolo.

Robert sale sull'autobus. Il numero del suo posto è il tredici. Un uomo si siede accanto a lui. L'autobus parte dalla stazione. Robert prende il suo libro di testo. Inizia con il primo esercizio. Robert deve tradurre un testo. Traduce solo due frasi poi il suo cellulare inzia a squillare. David lo sta chiamando.

"Ciao Robert. È vero?" chiede David.

Robert is going to visit his friend Elena. He doesn't let her know because he wants to come unexpectedly. He wants to ask her to marry him.

Robert buys a bus ticket. It takes two hours to get there. Robert doesn't want to waste this time. He takes a textbook with him. He wants to study Spanish.

Robert gets on the bus. He has seat number thirteen. A man sits down next to him. The bus departs from the station. Robert takes out his textbook. He begins doing the first exercise. Robert has to translate a text. He translates only two sentences, when his phone starts ringing. This is David calling.

"Hi Robert. Is it true?" David asks.

"Sì, è vero", risponde Robert, "quindi... come l'hai saputo?"

"L'ho letto su Twitter. È formidabile! Peccato che non ci vedremo per molto tempo. Ti auguro buona fortuna!" dice David e chiude la conversazione.

Robert non capisce nulla. Perché non si vedranno per molto tempo? E non ha nemmeno scritto su Twitter che va da Elena per chiederle di sposarlo. Robert riprende il suo libro e tenta di studiare lo spagnolo. Passano circa quindici minuti. Il cellulare squilla di nuovo. Sullo schermo appare il numero di Lena.

"Ciao Robert", dice Lena.

"Ciao Lena", risponde Robert.

"Perché non mi hai detto niente?" dice Elena iniziando a piangere, "ti aspetterò..."

L'autobus entra in una galleria e cade la linea. Robert è confuso. Guarda il suo libro ma non riesce a studiare. Pensa a queste strane telefonate. Poi vede il numero tredici sul suo posto a sedere. Robert diventa inquieto. Prende il suo cellulare per chiamare Elena. Lo schermo del suo telefonino però non si illumina. Ha dimenticato di ricaricarlo.

Un'ora più tardi l'autobus arriva nella città di Elena. Robert lascia la stazione e prende il tram verso casa di Elena. Arriva

"Yes, it is true," Robert answers, "Well... how did you find out about it?"

"I read it on Twitter. It's great! It's pity we won't see each other soon. I wish you good luck!" David says and finishes the conversation.

Robert doesn't understand. Why won't we see each other soon? He also did not post on Twitter that he was going to ask Elena to marry him. Robert takes out the textbook again. He tries to study Spanish. About fifteen minutes pass. The phone rings again. Lena's phone number is on the screen.

"Hi Robert," Lena says.

"Hi Lena," Robert answers.

"Why didn't you tell me?" Elena begins to cry, "I will wait for you..."

The bus goes into a tunnel and the connection breaks. Robert is confused. He looks at the textbook, but cannot study. He thinks about the strange calls. Then he sees the number thirteen on his seat. Robert feels uneasy. He takes out the phone to call Elena. The telephone screen does not light up. Robert forgot to charge it.

The bus arrives in Elena's city an hour later. Robert goes out to the station and takes a tram to Elena's house. He

inatteso a casa sua e Lena è molto preoccupata.

"Ciao Lena", dice e l'abbraccia.

"Ciao Robert", risponde Elena. È felice che Robert sia venuto. Lo bacia.

"Perché mi hai detto che mi avresti aspettato?" chiede Robert. "Aspettare che io torni da dove?"

"Ho letto su Twitter che vuoi entrare nelle Forze Armate", dice lei.

Robert si ricorda che ieri sera ha postato qualcosa su Twitter nel tablet di un suo conoscente e che si è dimenticato di uscire dal suo account. Robert capisce che il suo conscente gli ha fatto uno scherzo. Chiede a Lena di accendere il suo laptop. Entra nel suo account e cancella la notizia "Entrerò nelle Forze Armate". Robert ed Elena ridono. Robert chiama David e gli racconta tutta la storia. Gli racconta pure che Lena ha accettato di sposarlo.

"Sono molto felice di sapere che ti sposerai piuttosto che arruolarti nell'Esercito!" dice David contento.

comes to her house unexpectedly and Lena is very worried.

"Hi Lena," he says and hugs her.

"Hi Robert," Elena answers. She is glad that Robert came. She kisses him.

"Why did you tell me you would wait for me?" Robert asks, "Wait for me to return from where?"

"I read on Twitter that you are going to join the army," she says.

Robert recalls that yesterday evening he wrote something on Twitter on his acquaintance's tablet and forgot to log out of his profile. Robert understands that his acquaintance played a prank. He asks Lena to switch on her laptop. He goes into his account and deletes the message "I am going to join the army." Robert and Elena laugh. Robert calls David and tells him all this story. He also says that Lena agreed to marry him.

"I am really glad that you are going to get married instead of joining the army!" David says gladly.

30

Compito a casa

Homework

 A

Vocaboli

Words

1. capace - capable
2. classe, la - grade
3. fatto - done
4. felici - glad
5. foglio, il - sheet
6. lezione, la; scuola, la - class
7. non corretto - unchecked

8. pomeriggio, il - afternoon
9. rallegrarsi - be glad
10. sgrida - scolds
11. stupido - silly
12. tremendamente - awfully
13. un solo - single

Nancy va a scuola e frequenta la terza elementare. Linda e Christian prestano molta attenzione ai suoi studi. Correggono sempre i suoi compiti a casa. Ma per loro lo spagnolo è difficile da correggere. Così è David a correggere sempre i compiti di spagnolo. Nancy è una bambina molto capace ma trova difficile imparare lo spagnolo. Così la aiuta molto David.

Dopo un po'di tempo inzia a fare tutti gli esercizi senza errori. Christian e Linda sono contenti che lei stia imparando così bene lo spagnolo.

Una sera David, come tutte le sere, corregge gli esercizi di spagnolo di sua sorella. Vede che è tutto giusto. Non c'è un solo errore. David è molto contento. Mostra l'esercizio di sua sorella a Christian e Linda. Sono tutti molto felici ed elogiano Nancy.

Ma il mattino successivo Linda vede sulla scrivania di sua figlia un foglio di carta con il compito per casa che David ieri le ha corretto. Linda si rende conto che sua figlia ha dimenticato il compito sulla scrivania. Ed è preoccupata perché sua figlia oggi è andata a scuola senza il suo esercizio.

Nancy il pomeriggio torna a casa e

Nancy goes to the third grade at school. Linda and Christian pay a lot of attention to her studies. They always check her homework. But it is difficult for them to check Spanish. So David always checks Spanish. Nancy is a capable girl. But she does not study Spanish well. So David helps her study a lot.

After some time Nancy begins doing all the exercises without mistakes. Christian and Linda are very glad that she studies Spanish well.

Once in the evening David as always checks his sister's homework in Spanish. He sees that everything is done correctly. There isn't a single mistake. David is very glad. He shows his sister's home work to Christian and Linda. All are very happy and praise Nancy.

But next morning Linda sees a sheet of paper with homework that David checked yesterday on her daughter's desk. Linda realizes that her daughter has forgotten this sheet of paper on the desk. She is worried about her daughter, because she has gone to the lesson without her homework today.

Nancy comes back home in the after-

Linda le domanda:

"Oggi hai dimenticato il tuo compito di spagnolo a casa?" dice, "e adesso hai preso un brutto voto?"

"No, mamma", le risponde sua figlia, "l'esercizio andava bene e ho ricevuto un bel voto. Perché lo pensi?" chiede Nancy sorpresa.

"Hai preso un bel voto?" anche Linda è sorpresa. "Ma com'è possibile? È qui, sulla scrivania. Questo è l'esercizio per oggi che David ti ha corretto."

"Questo è quello di ieri", le spiega sua figlia, "lo abbiamo corretto ieri in classe."

Linda non capisce cosa succede...

"E perché hai chiesto a David di correggere un vecchio compito che era già stato corretto in classe?" domanda Linda. "Perché non gli hai chiesto di correggere l'esercizio che era per oggi?"

"Perché non riesci a capirlo?" le dice sua figlia. "Sarebbe stupido mostrargli degli esercizi non corretti. David mi rimprovera e mi sgrida tremendamente per ogni errore! Per questo gli do gli esercizi di ieri che abbiamo già corretto in classe."

noon and Linda asks her:

"Have you forgotten your homework in Spanish for today?" she says, "Now you've got a poor grade for it?"

"No, mom" the daughter replies to her, "It's all right with the assignment. I've got a good grade for it. Why do you think so?" Nancy says in surprise.

"You've got a good grade for it?" Linda is surprised too, "But how is it possible? It is here on the desk. This is your today's homework, that David checked."

"It is yesterday's homework," the daughter explains to her, "We checked it in class yesterday."

Linda can't understand what's going on...

"And why did you ask David to check an old homework that had already been checked in class?" Linda asks, "Why didn't you ask him to check the assignment that was given to you for today?"

"Why can't you understand," the daughter says to her, "It would be silly to show him unchecked work. David shouts and scolds me awfully for every mistake! So I give him yesterday's assignment that we have already checked at school.

129

Italian-English dictionary

a lei dispiace, le dispiace - feels sorry
a me, me - me
abbaia - barks
abbaiando - barking
abbaiare - bark
abbaiava - barked
abbastanza - enough
abbraccia - hugs
accanto - next to
accarezzando - petting
accidentalmente - accidentally
accingersi, avviarsi - preparing
accompagna - accompanies
accoppiamento, l' - mating
account, l' - account
accuratamente - carefully
acqua, l' - water
acquario, l' - aquarium
acquisti, gli - purchases
ad un altro - another
adatto - suitable
addormentasi - fall
adesso - now
adulare - flatter
aereo, l' - plane
aiuola, l' - flowerbed
aiuta - helps
aiutare - help
al posto di - instead
alba, l' - daybreak
albero, l' - tree
alcuni - several, some
alla fine - finally
allagamento, l' - flood
allegra - chccrful
allegro - glad, happy, happily
allenato - trained
alta - tall
alternativa, l' - alternative
altro - other
alzarsi - get up

ama - loves
amabile, gentile - kind
amare - love
ambiente, l' - environment
ambito, l'; settore il - (camo)field
amici, gli - friends
amico, l' - friend
ammetto - admit
ammira - admires
anche - also, too
ancora - still, again
andare - go
andare a passeggio con il cane - walk the dog
andare a vedere - drop by
andò - went
angolo, l' - corner
anima, l' - soul
animale domestico, l' -pet
animale, l' - animal
animali domestici, gli - pets
anni, gli - years
anno, l' - year
annuisce - nods
antico - ancient
anziana - old
anziano - elderly
apparenza, l' - appearance
appartamento - apartment
appartiene - belongs
appunto, l' - note
aprire - open
architetto, l' - architect
arrabbiata - angrily, angry
arriva, viene - comes
arrivano - arrive
arrivo, l' - arrival
arrossisce - blushing
arte, l' - art
articoli (di legge), gli - articles
artista, l' - artist

ascensore, l' - elevator
asciugamano, l' - towel
ascolta - listening, listens
asiatica - Asian
asilo, l' - kindergarten
aspetta - waiting
aspettare - wait
aspettati - expect
assonnato - sleepy
assumere - hire
attacca - attached, attacks
attacca; riattacca (il telefono) - hangs up
attentamente - attentively, closely
attiva, attivo - active
attraverso - through
audace - daring
aula, l' - classroom
autobus, l' - bus
autore, l' - author
autunno, l' - autumn
avere - have
avere paura - be afraid
aveva - had
avventato contro - rushed
avventura, l' - adventures
avvisare - warn
avvolgere; impacchettare - wrap
bacia - kisses
bagagliaio, il - trunk
bagaglio, il - baggage, luggage
bambini, i - children
bambino, il - child
bambola, la / bambolotto, il - doll
banchina della stazione degli autobus, la - platform
bar, il - café
barbaro, il - barbarian
basso - low
beige - beige
bellezza, la - beauty
bellezze da vedere, le - sights
bello - beautiful
ben nutrito - well-fed
bene - well

bere - drink
beve - drinks
bevendo - drinking
bianco - white
biasimare - scolding
Bibbia, la - Bible
biblioteca, la - library
biglietto, il - ticket
bloc-notes, il - notebooks
bocca, la - mouth
bonus, i - bonuses
borsa, la - bag
bosco, il - forest
bottega, la; negozietto all'angolo, il - convenience store
braccia, le - arms
brevemente - short
brillante - bright
brivido, il - chill
brucia - burns
bruco, il - caterpillar
bruscamente - harshly
buio - dark
buono - good
buonsenso, il - common sense
busta da lettera, la - envelope
caducità, la - frailness
caffè, il - coffee
calmo - calmly
cambiare, modificare - change
cameriere, il - waiter
camion, i - trucks
camminando, passeggiando - walking
campanello della porta, il - doorbell
campioni, i - samples
cancella - deletes
cane, il - dog
cantando - singing
cantano - sing
capace - capable
capelli, i - hair
capi d'abbigliamento, i - clothes
capì; capito - understood
capisce - understands

capitale, la - capital
capo, il - chief
capolavoro, il - masterpiece
caramella, la - candy
carica - loads
caricare - loading
caro - dear
cartoline, le - postcards
casa dello studente, la - dorms
casa, la - home, house
caso, il - case
cassa, la - cash register
cassetto, il - drawer
catena, la - chain
cattedrale, la - cathedral
cattivo - bad
catturato - caught
catturi - catches
cavarsela - manages
cavo, il - cord
cellulare, il - telephone
cena, la - dinner
centimetri, i - centimeters
cento - hundred
centralino, il - dispatchers
centro, il - centre, middle
certo, naturalmente - of course
chattano - chat
che - that
che chiede - demanding
che fa le fusa - purring
che parla, parlante - talking
chi - who
chiama - calls
chiamano - call
chiamato - sent
chiamerebbe - term
chiaro - clear
chiaro; scorrevole - easy
chiede - asking, inquires, demands, asks
chilogrammo, il; chilo, il - kilogram
chiude - closes, seals
chiudono - lock
ci riesce - succeeds

ci, a noi - us
ciao - bye, hi
cibo, il - meal
cinema, il - cinema
cinque - five
ciò nonostante - anyway
ciotola per bere, la - cup
città natale, la - hometown
città, la - city, town
classe, la - grade
cliente, il - client
clinica odontoiatrica, la - dental surgery
coccodrillo, il - crocodile
coda, la - tail
colla, la - glue
collare, il - collar
college, il - college
colleghi, i - colleagues
colorate - colorful
colpa, la - fault
colpevole - guilty
come - as, how
commessa, la - saleswoman
comoda - comfortably
compagno di scuola, il - schoolmate
compito a casa, il - homework
compito, il - assignment, task
compleanno, il - birthday
completamente - completely
complicato - complicated
complimento, il - compliment
compone - composes, dials
compra - buys
comprare - buy
comprato - bought
computer, il - computer
comune, ordinaria - ordinary
con - with
con competenza - competent
con emozione - emotionally
con entusiasmo - enthusiastically
con gli occhi sgranati - wide-eyed
con successo - successfully
conclude - concludes

132

concluso - ended
conducente, il - driver
confermato - confirmed
confessione, la; dichiarazione, la - confession
confezione, la - package
confusione, la - confusion
confuso - mixed up
connessione, la; linea, la - connection
conoscente, il - acquaintance
conosciuto, noto - acquainted
consigliare - advise
contanti, i - cash
contenta, felice - joyfully
contento - cheerfully, gladly
continua - continues
conto, il - bill
contrasto, il - contrast
contro - against
controllare - check
conversazione, la - conversation
convince - convinces
convincente - convincing
coperchio, il - lid
copiare - copying
copiato - copied
coraggioso - brave
corda, la - rope
corre - run, runs
corretto - correct
corriere, il - courier
corrisponde - coincides
corrispondente - according
corrugamento della fronte, il - frown
corsa, la; correre, il - running
cortese - politely
cortile, il - yard
cosa - what
cosa, la - thing
coscienzioso - careful
così - so
costa - cost
costoso, caro -expensive
costume da bagno, il - swimsuit

credenze da cucina, le; armadi, gli - cabinets
crema, la - cream
cresce - grows
criceto, il - hamster
cuccia, la - doghouse
cucina - cooking, cooks
cucina, la - cuisine, kitchen
culinario - culinary
cuocendo al forno - baking
cuocere in forno - bake
cuoco, il; chef, lo - chef
cuoio, il; pelle, la - leather
cura - treats
curioso - curious
da - from
dà - gives
da qualche parte - anywhere, somewhere
da, presso, a - by
dal - since
dar da mangiare - feed
dato - given
davanti - in front of, past
davvero - real, really
decide - decides
decimo - tenth
deciso - decided
decorazioni, le - decorations
definitivamente - definitely
degnano di uno sguardo - pay attention
del cane - dog's
del lavoratore edile - builder's
del luogo - local
del suo gatto - his cat's
del tutto - absolutely
delicatamente - quietly
delizioso - delicious
dente, il - tooth
dentista, il - dentist
dettaglio, il - detail
detto - said, told, spoke
di - than
di Anna - Ann's
di nascosto - secretly

di nulla - you're welcome
di otto anni - eight-year-old
di prima classe, di prima categoria - top-notch
di rado; raramente - seldom, rarely
di Robert - robert's
di, riguardo a, su - about
dice - says, telling
dice infine - finishes
dieci - ten
dietro - behind
difetto, il - defect
difficili - difficult
dimentica - forgets
dimenticato - forgotten
dimenticò - forgot
dio, il - god
dipendenti, i - people
dipingere - painting
direttamente - straight
direttore - manager
direttore, il - director
direzione, la - direction
disciplinato - disciplined
discutono - discuss
disperazione, la - despair
disputa, la - dispute
distintamente, chiaramente - distinctly
dito, il - finger
ditta, la; impresa, l' - company, firm
divenne - became
diventa - getting
diverse - different, various
divertente - funny
dobbiamo - must
documenti, i - documents, papers
dolcemente - gently
dolci, i - sweets
dollaro, il - dollars
domandare - ask
domande, le - questions
domani - tomorrow
domenica, la - Sunday
donazioni, le - charity

donna, la - woman
dopo - after, later
dorme - asleep, sleeps, sleep
dormendo - sleeping
dormire - sleep
dormire senza interruzioni - get a good night's sleep
dove, in cui - where
dovere - shall
dovrebbe - should
dubitare - doubt
due - two
durante - during
e - and
è - is
è così - that's
è d'accordo - agrees
è in riparazione - being repaired
è un peccato - it's a pity
è visibile -appears
ebraico, l' - Hebrew
eccellente - excellent
eccitati - excitedly
edificio, l' - building
edizione, l'; numero, il - issue
egli, lui - he
elettrico - electric
elettronica, l' - electronics
elimina - eliminate
email, la - e-mail
entra, sta - fit
entrando - joining
entrare - enter
era - was
errore, l' - mistake
esame, l' - exam
esamina - examining
esattamente - exactly
escrementi, gli - excrements
esercizio, l' - exercise
esotico - exotic
esperienza, l' - experience
esplosione, l' - explosion
esposizione, l' - exhibition

espressione, l' - expression, term
essere - be
essere fortunato - be lucky
essere socchiuso - ajar
esso - it
esso è - it's
estate, l' - summer
esteriore - outward
eternità, la - eternity
evidente - obvious
ex - former
fa - does, doing
fa cadere - drops
fa una visita, visita, va a trovare - pays a visit
faccende domestiche, le - chores
facoltà, la ;istituto,l' - department
famiglia, la - family
famoso - famous
fan, i - fans
fare - do
fare domanda, candidarsi - apply
fare jogging - jogging
fare la guardia, badare a - watch
fare le valigie - pack
fare male - hurt
fare volentieri qualcosa - like
fatica, la - difficulty
fatto - done
fatto un complimento - paid a compliment
fatto, il - fact
fece - did
felice - merrily
felici - glad
fermare - detain
ferocemente - furiously
ferro da stiro, il - iron
festa, la - celebration
festosa - festive
fiera - proudly
figlia, la - daughter
figlio, il - son
figure, le - figures

file, il - file
film d'azione, il - action film
film, il - film, movie
filo, il - thread
fine settimana, il - weekend
fine, la - end
finestra, la ; finestrino, il - window
fino - till
fiori, i - flowers
fioriscono - blossom
fissa - stares
fiume, il - river
foglio, il - sheet
forbici, le - scissors
forchetta, la - fork
formaggio, il - cheese
forno, il - oven
forse - may, maybe, perhaps
forte - strong, tight
fortuna, la - luck
forum, il - forum
Forze Armate, le - army
fossi, saresti - were
foto, le - photos
frase, la - phrase
frasi, le - sentences
fratello, il - brother
freddo - cold, coldly
frequentare - attend
fretta, la - hurry
friggere; arrostire - fry
frigorifero, il - fridge
frutti, i; - fruits
fumo, il - smoke
fungo, il - mushroom
fuochi d'artificio, i; botti, i - fireworks
fuori - out, outside
furbo - sly, slyly
furfante, il - scoundrel
furioso - furious
g qui - right here
gabbia, la - (the) cage
galleria, la; tunnel, il - tunnel
gambe, le; zampe, le - legs

135

gatto, il - cat
genitori, i - parents
Gerusalemme - Jerusalem
gettare via - throw out
ghepardo, il - cheetah
già - already, yet
gialle - yellow
gigantesco - huge
gioca - plays
giocare - play
giocato - played
giocattoli, i - toys
gioco, il - game
giornale, il; quotidiano, il - newspaper
giornalismo, il - journalism
giorni, i - days
giorno, il - day
giovane - young
giudice, il - judge
giurisprudenza, la; diritto, il - jurisprudence
giustizia, la - justice
giustiziere, il; boia, il - executioner's
godersi - enjoy
gomma, la - rubber
grande - big, great
grasso - fat
Grecia - Greece
guadagnare - earn
guardare - look
guardiano, il - guard
guida - drives, driving
guinzaglio, il - leash
gustoso, appetitoso - tasty
ha - has
ha bisogno di - needs
ho bisogno di - need
ho saputo, sapevo - knew
hotel, l' - hotel
i loro - their
ieri - yesterday
il, lo; la - the
illuminarsi - light
imbarazzo, l' - embarrassment

imbottitura, l' - wadding
imbrogliare - cheat
immediatamente - at once
imparato - learned
impaurita - frightened
impegnarsi molto - try hard
impiegato, l' - employee
importante - important
impresa di costruzioni, l' - building firm, construction company
impressionare - impress
impressionato - impressed
impressioni, le - impressions
improvvisamente, all'improvviso - suddenly
in - in
in comune - common
in modo strano - strangely
in ogni caso - certainly
in partenza - departing
in silenzio - silent
in un istante, subito - immediately
in, dentro - into
in, verso, da - to
inatteso, inaspettato - unexpectedly
incantato - charmed
incantevole - charming
incivile - uncivilized
inclinato - tilted
incollare - gluing
incomprensibili - incomprehensible
incontrare - meet, meeting
incontrati - met
incredibile - incredibly
incrocio, l' - intersection
indica - points
indietro - back
indifferente - indifferent
indignazione, l' - outraged
indirizzo, l' - address
infilza - stabs
infine - at last
influenza, l' - influence
inglese, l' - English

inizia - begins, starts
iniziò - began
inizio, l' - beginning
inoltre - moreover
inquieta - uneasy
insegna - teaches
insieme - together
insolenza, l' - impudence
insolitamente - unusually
intelligente - smart
intelligenza, l' - intellect, intelligence
interessante - interesting
interessati - interested
interesse, l' - interest
interiorità, l' - inside
internet - Internet
interno, interiore - inner
interrogare - quiz
interrompe - interrupts
intorno - around
invita - invites
invitante - appetizing
io - I
io sono - I'm
io stesso - myself
irrequieto - restless
l'impostazione - concept
là - there
la verdura - vegetables
laccio emostatico, il - tourniquet
laptop, il - laptop
lascerebbe - would
lascia - let
lasciare - leave
lasciato - left
lato, il - side
lava - washes
lavora - works
lavorare - working
lavoratori edili, i - builders
lavoro, il - job, work
lega - ties
legare - tie
legge - reading, reads

leggi, le - laws
legno, il - wood
lei - she
lei, a lei - her
lentamente - slowly
lettera, la - letter
letteratura, la - literature
letto per le bambole, il - doll's
letto, il - bed
lezione, la - classes, lesson
lezioni, le - lectures
libri, i - books
libro di testo, il - textbook
licenziamento, il - dismissal
licenziare - dismiss, fire
licenziato - fired
lingua, la - language
livello, il - level
lodare - praise
lontani l'uno dall'altro - apart
lontano, distante - far
loro - they
loro stessi - themselves
loro, a loro - them
luglio - July
lui, lo; a lui, gli - him
lunatico - capricious
lunghezza, la - length
lunghi - long
ma - but
macchina, la; auto, l' - car
madre, la - mother
maggiore - highest
maggiore, più grande - biggest
magnifici - magnificent
magnifico - amazing, fine
mai - ever, never
mal di denti, il - toothache
malato - ill, sick
male - badly
male - poorly
mamma, la - mom
mancare, essere privo di - missing
mandare - send

mandibola, la - manjaw
mangiando - eating
mangiare - eat
mangime, il; cibo, il - food
mani, le - hands
mare, il - sea
marito, il - husband
Marte - Mars
maschere, le - masks
materia d'insegnamento, la - subject
mattino, il - morning
mazzo, il - bunch
medico - medical
medico, il; dottore, il - doctor
medievale - medieval
medio - medium-sized
meditabondo - thoughtfully
meglio - better
mela, la - apple
membri, i - members
mente, la - mind
mentre - while
menù, il - menu
meraviglia - wonder
meraviglia, la - astonishment
meraviglioso - wonderful
mercato, il - market
mercoledì, il - Wednesday
meritato - deserved
mese, il - month
messaggio, il - message
metallo, il - metal
metri, i - meters
metropolitana, la - subway
mettere - put
mettersi comodo - settles down
mezza - half
mezzi di trasporto, i - transportation
mezzogiorno, il - noon
mi scusi - Excuse me
mia - my
miagola - meows
migliorare - improve
migliore - best

milioni, i - millions
minuti, i - minutes
mocio, il - mop
moderno - modern
modo, il; maniera, la - way
modulo, il - form
moglie, la - wife
molto - a lot, very, much, widely
momento, il - moment
montagna, la - mountain
montato - install
mordere - bite
morso - bit
mostra - shows
motivi, i - circumstances
motore, il - engine
muovere - move
museo, il - museum
musica, la - music
Natale, il - Christmas
nazionale - national
negozio, il - shop, store
nei dintorni, nelle vicinanze - neighboring
nel frattemmpo - meanwhile
neri - black
nervoso - nervous
nessuno - nobody
nessuno, non, - no
nevica - snowing
niente - nothing
noi - we
nome, il - name
non - not
non comuni - unusual
non corretto - unchecked
non è - isn't
non era - wasn't
non fa - doesn't
non faccio - don't
non fece - didn't
non più - anymore
non riesce - can't, cannot
non si preoccupi - don't worry

non sono - aren't
nord, il - north
normalmente - usually
nostri - our
nota - notices
notte, la - night
novità, le - news
nuotare - swimming
nuovo - new
o, oppure - or
o... o - either ... or
obbligatorio - obligatory
occhi, gli - eyes
occupati - busy
offrire, proporre - offer
oggetti, gli - objects
oggi - today
ogni - each, every
oh - ooh
ok, va bene - OK
okay, d'accordo - okay
omelette, l' - omelette
onestamente - honestly
Opel, l' - Opel
opinione, l' - opinion
ore tre - three o'clock
ore, le - hours
organizzazione, l' - organization
orgogliosa - proud
orto, l'; giardino, il - garden
ospedale, l' - hospital
ospite, l' - guest
osserva - watches, watching, looks
otto - eight
pacchetto, il - packet
pace, la - peace
padre, il; papà, il - dad, father
paesaggio, il - landscape
paese, il - country
pagnotta, la; forma, la - loaf
palazzi, i - buildings
palla, la - ball
pallido - pale
panchina, la - bench

pane, il - bread
panieri, i; cesti, i - baskets
papà, il - daddy
parco, il - park
parente, il - relative
parla - speaks, taking
parla, dice - talks
parlare - speak, talk
parola, la - word
parte - departs, traveling
particolarmente - especially
passa - passes
passa, trascorre- spends
passare - pass
passeggiata, la - walk
passione, la - passion
paura, la - fear
pausa, la - rest
pavimento, il - floor
pazientemente - patiently
pellicola, la; carta da cucina, la - foil
pende - hanging
pensa - believes, thinks
pensava - thought
pensieri, i - thoughts
per - for
per bene - correctly
per caso - random
per lavoro - on business
perché - because, why
perdere - lose
perdersi - lost
perdita, la - loss
perdonare - forgive
perdonato - forgiven
perfetto - perfectly
pericoloso - dangerous
periodo di prova, il - probation period
periodo, il - period
però - however
persino, perfino - even
persona, la - person
pesante - heavy
pescare - fishing

pesce rosso, il - goldfish
pesce, il - fish
pessimo, cattivo - poor
piacere, amare - likes
piacere, il - pleasure
piangere - cry
piatto, il; portata, la; ricetta,la - dish, plate
picchia - hits
piccolo - little, small
picnic, il - picnic
piede, il - foot
pieno - full
pigro - lazy
pila, la - pile
piscina, la - swimming pool
più - more
più basso, verso il basso - lower
più facile - easier
più famosi - most famous
più forte - loudest
più giovane, minore - younger
più grasso - fatter
più importante, centrale - main
più interessante - most interesting
più saggio in assoluto - wisest
più severamente - more strictly
più tardi - afterwards
più vicino - nearest
piuttosto - pretty, quite
plastica, la - plastic
poesia, la - poetry
poesie, le - poems
poi - then
poliziotto - policeman
pollo, il - chicken
poltrona, la - armchair
polvere, la - dust
pomeriggio, il - afternoon
pomodoro, il - tomato
porcellana, la - porcelain
porta - brings, leads, carries
porta, la - door
portare - carry, carrying

portato - brought
porte, le - doors
portone, il - gate
possibile - possible
possibilità, la - option
posto a sedere, il - seat
posto di lavoro, il - workplace
posto, il - place
potere - can
potrebbe - could
pranzo - lunch
preciso - accurate
preferite - favorite
pregare - pray
prego - please
prelibatezza, la - delicacy
preme, pigia - presses
prende - grabs, takes
prendere - take
prendere il sole, fare un bagno di sole - sunbathing
prenotazione, la - booking
preoccupata - worried
preoccupazione, la - worry
preparo - prepare
presa elettrica, la - socket
prescritti - required
prese - took
presenta - introduces
preso, acciuffato - holding
presso; da, verso, in - at
presto - early, soon
prezioso - valuable
prima - earlier
prima che - before
primavera, la - spring
primo - first
probabilmente - probably
problema, il - problem
professionista, il - professional
professore, il - professor, teacher
profilo, il - profile
profondo - deep
profumo, il - smell

pronte - ready
proprietari, i - owners
proprietario, il - owner
proprio - directly, own
provano - prove
provare - taste
prudenza, la - caution
pubblico - public
pulire - wipe off
pulito - clean
pulizia, la - cleanliness
punta, la; cima, la - top
punte dei piedi, le - tiptoe
punto, il; posto, il - point
quadro, il - picture
qualche - few
qualche volta - sometimes
qualcosa - anything
qualcosa, un po' - something
qualcuno - anybody, someone, somebody
quale - which
quando - when
quaranta - forty
quarto - fourth
quasi - almost
quattro - four
questa - this
questi - these, those
questione, la - matter
qui, qua - here
quindici - fifteen
quinto - fifth
rabbia, la - anger
raccoglie - collects
raccogliere - gather, pick
raccomanda - recommends
racconta - tells
raffigurate - shown
ragazza, la - girl
ragazzi, i - boys
ragazzo, il - chap, guy
raggiunge - grow
raggiungere, arrivare a - reach
ragione, la - sense

rallegrarsi - be glad
rami, i - branches
ramo, il - branch
randagio - homeless
raro - rare
re, il - king
reagire - react
recentemente - recently
regala - giving
regalare - give
regali, i - gifts
regalo, il - present
respirando - breathing
resuscitare, rianimare - revive
ricaricare - charge
ricetrasmittente, la - radio
ricetta, la - recipe
riceve - receive
ricevere - got
ricevuto - gotten
riconosco - recognize
ricorda - recalls
ricordare - remember
ricordi - remind
ridendo - laughing
ridono - laugh
rimane - stays
rimanere, stare, restare - stay
rimangono - remain
ringhia - growls
ringhiare, il - growl
riparare - fix
ripete - repeats, retells
rischio, il - risk
risolvere - resolve
risponde - answers, replies
rispondere - answer
ristorante, il - restaurant
rivista, la - magazines
robusta, forte - strongly
romantica - romantic
rosso - red
rovinano, distruggono - break
rovinare - spoil

rubate - stolen
rubinetto, il - faucet
rumore, il - noise
rumoroso, chiassoso - loudly
ruota per correre - wheel
sa - know, knows
saggi, i - essays
sala cinematografica, la - cinema hall
salame, il; affettati, gli - sausage
saldamente - tightly
saliva - stepped
salotto, il - living room
salta - jumps
saltare la fila - cutting the line
saluta - greets
salvato - saved
salvatore, il - rescuer
salve - hello
sano - healthy
Santo, il - Saint
sapendo - knowing
sapere, il - knowledge
sbagliati - incorrect
scaccia - chases
scale, le - stairs
scambiare - exchange
scarpe, le - shoes
sceglie - chooses
scena, la - scene
schermo, lo - screen
scherzano - joke
scherzo, lo - prank
schiantato - crashed
sciamano, lo - shaman
scompartimento, lo; comparto, il - compartment
sconcertata, confusa - confused
sconsideratamente - thoughtlessly
scontento - discontentedly
scoprire - spot
scrisse - wrote
scritta, la - inscription
scritte in caratteri piccoli, le - fine print
scritto - written

scrittore, lo - writer
scrive - writes
scrivere un post, postare - post
scultura, la - sculpture
scuola, la - school
scuote - shakes
scusarsi - apologize
sdraiato - lying
se - if
se stessa - herself
sebbene - although
secchio, il - bucket
secondo - second
sedia, la - chair
segretario, il; segretaria, la - secretary
segue - follows
seguente - following
sei - six
sembra - seems
sembrare - appear
semplice - simple, simply
semplicemente - easily
sempre - always
sensate - sensible
sente - feels, hears
sente la mancanza di - misses
sentimenti, i - feelings
sentire - feel
sentono - hear
senza - without
senza fine - endless
separato - separated
sera, la - evening
serio - serious, seriously
servizio di consegna, il - delivery service
servizio taxi, il - taxi service
settanta - seventy
settimana, la - week
severo - strict, strictly
sfogliano - flip
sfortunatamente - unfortunately
sforzo, lo - strain
sgrida - scolds
sguardi, gli - glances

sguardo, lo - gaze
sì - yes
si accorge, capisce - realizes
si arrampica - climbs
si avvicina a lui, gli si avvicina - approaches
si avvicinano - approach
si chiama - called, named
si comporta - behaves
si considera - considers
si curva - bows
si è innamorata - fell in love
si fa il segno della croce - crosses
si inventa - invents
si lacera - rips
si piega - bends
si pulisce - cleaning
si rifiuta - refuses
si rivolge a - addresses
si siede - sits
si spaventa - gets scared
si sveglia - wakes up
si, a se stesso - itself, himself
sicuro - sure
sigaretta, la - cigarette
significa - means
significato, il - meaning
signora, la - Madam
signore, il - mister
silenzioso - quiet
simbolo, il - symbol
simile - similar
situazione, la - situation
smettere - stop
soddisfatto - contentedly
soddisfatto, contento - satisfied
sofà, il - couch
soffitto, il - ceiling
sogna - dreaming
sogno, il - dream
soldi, i - money
sole, il - sun
solo - just, only
solo, da solo - alone

soluzione, la - solution
somma, la - sum
sono - am, are
soprannome, il - nickname
sorella, la - sister
sorellina, la - sis
sorpassa - overtakes
sorprendere - surprise
sorpreso - surprised
sorregge - supports
sorride - smiles
sorvegliando - supervising
sospira - sighs
sotto - under
sovrastano - hang
spagnolo, lo - Spanish
spalmare, ingrassare - grease
sparita - gone
Sparta - Sparta
spazzatura, la; immondizia, l' - garbage, trash
specchio, lo - mirror
specialità, la - specialty
spegnere - switch off
spendere - spending
spero - hope
spesso - often
spiacevole, sgradevole - unpleasant
spiega - explains
spiegazione, la - explanation
spina, la - plug
spingere - pushing
spirito, lo - spirit
splende - shining
sporca - dirty
sporco; schizzato - splattered
sporgenti, che sporgono - sticking out
sposare - marry
sposati - married
sprecare - waste
spruzza - splashes
spuntino, lo - snack
squillare - ringing
sta - stands

sta chiamando - calling
sta facendo visita - visiting
sta sdraiato - lies
sta seduto, siede - sitting
stampa, la - print
stanca - tired
stanza, la - room
stato - been
stazione degli autobus, la - station
steccato, lo; staccionata, la - fence
stesso - same
stile, lo - style
stipendio, il - salary
storia, la - history, story
storie, le - stories
strada, la - street
strano - strange
strappò - tore
strisciare - crawling
studente, lo; studentessa, la - student
studi, gli - studies
studia - studying
studiare - study
studio medico, lo - surgery
stupido - silly, stupid
stupore, lo - amazement
su, riguardo a - over
succede - going on
successo - happened
succo, il - juice
suggerimento, il - hint
suggerisce - suggests
suo - his, its
suona - rings, sounds
superare - overcome
supermercato, il - supermarket
suppone - supposes
svenne - fainted
sviene - faints
tablet, il - tablet
taglia, la; grandezza, la - size
tagliate - cut
tale - such
talento, il - talent

tappeto, il - carpet
tardi - late
targa, la - number
tata, la - nanny
tavolo, il; banco, il; scrivania, la - desk, table
taxi, il - taxi
tè, il - tea
telefona - phones
telefonare - phone
tema, il - composition, theme
temperamento, il - temper
tempo libero, il - spare time
tempo, il (cronologico) - time
tempo, il (metereologico) - weather
temporaneamente - temporary
tendere, allungare - stretch
tenere - hold
tenere sott'occhio - glancing
tenta - tries, trying
tentare - try
tentativo, il - guess
terribile - awful, terrible
terribilmente - terribly
terzo - third
tesoro, il - darling
test, il - test
testa, la - head
testo, il - text
ti prendi cura di - care
ti riferisci, vuoi dire - mean
tiene - holds, keeps
timidamente - hesitantly, shyly
timido - shy
tira - pulls
tirato violentemente; lanciato - threw
tono, suono - tone
topi, i - mice, rats
topo, il - mouse
torna - returns
torta, la - cake
tradizioni, le - traditions
tradurre - translate
traduzione, la - translation

tram, il - tram
tranquillo - calm
trascorrono - spend
tre - three
tredici - thirteen
tremendamente - awfully
treno, il - train
tribunale, il - court
trionfa - triumphs
triste - sadly, upset, sad
trovato - found
troveremo - find
tu sei; Lei è (forma cortese) - ou're
tu, Lei - you
tubetto, il - tube
tulipani, i - tulips
tuo - your
tuttavia - nevertheless, though
tutti - all, everybody, everyone
tutto - everything, whole
tutto, intero - entire
Twitter - Twitter
ubbidiente - obedient
uccelli, gli - birds
uccidere - kill
ufficio, l' - office
ultimamente - lately
umano - human
umile - modest
umore, l' - mood
un anno fa - a year ago
un po' - slightly
un qualche; qualcosa - any
un solo - single
un, uno - a, one, an
uniforme, l' - uniform
univesità, l' - university
uomo, l' - man
uragano, l' - hurricane
urgentemente - urgently
urla - cries, shouts
urlando - crying
urlare - shouting
usa - uses

uscire da un account - log out
uscita, l' - exit
usi, gli; costumi, i - customs
utilizzando - using
va - goes
va avanti - continued
vacanza, la - vacation
vaccinazioni, le - vaccinations
valigia, la - suitcase
valigie, le - suitcases
vede - looking, sees
vedere - see
velocemente - quickly
velocità, la - speed
vendere - sell
vendetta, la - revenge
venditore, il - salesman
venduti - sold
venerdì, il - Friday
venire, - come
venti - twenty
verità, la - truth
vero - true
verso - towards
verso il basso - down
via - away
via, la - road
vice, facente funzioni di - deputy
vicino - nearby
vicino di casa, il - neighbor
viene fuori, esce - gets off
viene sentito - heard
viene, arriva - coming
villaggio, il - village
visita - visits
viso, il; faccia, la - face
visto - saw
vita, la - life
vive - lives
vivo - alive
voce, la - voice
volare, predere un aereo - fly
volere - want
volo, il - flight

volta, gira - turns
voti, i - marks
vuole - wants
zampa, la - paw

Zeus - Zeus
zia, la - aunt
zio, lo - uncle
zuppa, la - soup

English-Italian dictionary

a lot, very - molto
a, one - un, uno
abbastanza - enough
about - di, riguardo a, su
absolutely - del tutto
accidentally - accidentalmente
accompanies - accompagna
according - corrispondente
account - account, l'
accurate - preciso
acquaintance - conoscente, il
acquainted - conosciuto, noto
action film - film d'azione, il
active - attiva, attivo
address - indirizzo, l'
addresses - si rivolge a
admires - ammira
admit - ammetto
adventures - avventura, l'
advise - consigliare
after - dopo
afternoon - pomeriggio, il
afterwards - più tardi
again - ancora
against - contro
agrees - è d'accordo
ajar - essere socchiuso
alive - vivo
all - tutti
almost - quasi
alone - solo, da solo
already - già
also - anche
alternative - alternativa, l'
although - sebbene
always - sempre
am - sono
amazement - stupore, lo
amazing - magnifico
an - un, uno
ancient - antico

and - e
anger - rabbia, la
angrily - arrabbiata
angry - arrabbiata
animal - animale, l'
Ann's - di Anna
another - ad un altro
answer - rispondere
answers - risponde
any - un qualche; qualcosa
anybody - qualcuno
anymore - non più
anything - qualcosa
anyway - ciò nonostante
anywhere - da qualche parte
apart - lontani l'uno dall'altro
apartment - appartamento
apologize - scusarsi
appear - sembrare
appearance - apparenza, l'
appears - è visibile
appetizing - invitante
apple - mela, la
apply - fare domanda, candidarsi
approach - si avvicinano
approaches - si avvicina a lui, gli si avvicina
aquarium - acquario, l'
architect - architetto, l'
are - sono
aren't - non sono
armchair - poltrona, la
arms - braccia, le
army - Forze Armate, le
around - intorno
arrival - arrivo, l'
arrive - arrivano
art - arte, l'
articles - articoli (di legge), gli
artist - artista, l'
as - come

Asian - asiatica
ask - domandare
asking - chiede
asks - chiede
asleep, sleeps - dorme
assignment - compito, il
astonishment - stupore, lo; meraviglia, la
at - su; presso; da, verso, in
at last - infine
at once - immediatamente
attached - attacca
attacks - attacca
attend - frequentare
attentively - attentamente
aunt - zia, la
author - autore, l'
autumn - autunno, l'
away - via
awful - terribile
awfully - tremendamente
back - indietro
bad - cattivo
badly - male
bag - borsa, la
baggage - bagaglio, il
bake - cuocere in forno
baking - cuocendo al forno
ball - palla, la
barbarian - barbaro, il
bark - abbaiare
barked - abbaiava
barking - abbaiando
barks - abbaia
baskets - panieri, i; cesti, i
be - essere
be afraid - avere paura
be glad - rallegrarsi
be lucky - essere fortunato
beautiful - bello
beauty - bellezza, la
became - divenne
because - perché
bed - letto, il
been - stato

before - prima che
began - iniziò
beginning - inizio, l'
begins - inizia
behaves - si comporta
behind - dietro
beige - beige
being repaired - è in riparazione
believes - pensa
belongs - appartiene
bench - panchina, la
bends - si piega
best - migliore
better - meglio
Bible - Bibbia, la
big - grande
biggest - maggiore, più grande
bill - conto, il
birds - uccelli, gli
birthday - compleanno, il
bit - morso
bite - mordere
black - neri
blossom - fioriscono
blushing - arrossisce
bonuses - bonus, i
booking - prenotazione, la
books - libri, i
bought - comprato
bows - si curva
boys - ragazzi, i
branch - ramo, il
branches - rami, i
brave - coraggioso
bread - pane, il
break - rovinano, distruggono
breathing - respirando
bright - brillante
brings - porta
brother - fratello, il
brought - portato
bucket - secchio, il
builder's - del lavoratore edile
builders - lavoratori edili, i

building - edificio, l'
building firm - impresa di costruzioni, l'
buildings - palazzi, i
bunch - mazzo, il
burns - brucia
bus - autobus, l'
busy - occupati
but - ma
buy - comprare
buys - compra
by - da, presso, a
bye - ciao
cabinets - credenze da cucina, le; armadi, gli
café - caffè, il; bar, il
cage - gabbia, la
cake - torta, la
call - chiamano
called, named - si chiama
calling - sta chiamando
calls - chiama
calm - tranquillo
calmly - calmo
can - potere
can't - non riesce
candy - caramella, la
cannot - non riesce
capable - capace
capital - capitale, la
capricious - lunatico
car - macchina, la; auto, l'
care - ti prendi cura di
careful - coscienzioso
carefully - accuratamente
carpet - tappeto, il
carries - porta
carry - portare
carrying - portare
case - caso, il
cash - contanti, i
cash register - cassa, la
cat - gatto, il
catches - catturi
caterpillar - bruco, il

cathedral - cattedrale, la
caught - catturato
caution - prudenza, la
ceiling - soffitto, il
celebration - festa, la
centimeters - centimetri, i
centre - centro, il
certainly - in ogni caso
chain - catena, la
chair - sedia, la
change - cambiare, modificare
chap - ragazzo, il
charge - ricaricare
charity - donazioni, le
charmed - incantato
charming - incantevole
chases - scaccia
chat - chattano
cheat - imbrogliare
check - controllare
cheerful - allegra
cheerfully - contento
cheese - formaggio, il
cheetah - ghepardo, il
chef - cuoco, il; chef, lo
chicken - pollo, il
chief - capo, il
child - bambino, il
children - bambini, i
chill - brivido, il
chooses - sceglie
chores - faccende domestiche, le
Christmas - Natale, il
cigarette - sigaretta, la
cinema - cinema, il
cinema hall - sala cinematografica, la
circumstances - motivi, i
city - città, la
class - lezione, la; scuola, la
classes - lezione, la
classroom - aula, l'
clean - pulito
cleaning - si pulisce
cleanliness - pulizia, la

clear - chiaro
client - cliente, il
climbs - si arrampica
closely - attentamente
closes - chiude
clothes - capi d'abbigliamento, i
coffee - caffè, il
coincides - corrisponde
cold - freddo
coldly - freddo
collar - collare, il
colleagues - colleghi, i
collects - raccoglie
college - college, il
colorful - colorate
come - venire,
comes - arriva, viene
comfortably - comoda
coming - viene, arriva
common - in comune
common sense - buonsenso, il
company - ditta, la; impresa, l'
compartment - scompartimento, lo;
comparto, il
competent - con competenza
completely - completamente
complicated - complicato
compliment - complimento, il
composes - compone
composition, theme - tema, il
computer - computer, il
concept - testo, il; l'impostazione
concludes - conclude
confession - confessione, la; dichiarazione, la
confirmed - confermato
confused - sconcertata, confusa
confusion - confusione, la
connection - connessione, la; linea, la
considers - si considera
construction company - impresa di costruzioni, l'
contentedly - soddisfatto
continued - va avanti

continues - continua
contrast - contrasto, il
convenience store - bottega, la; negozietto all'angolo, il
conversation - conversazione, la
convinces - convince
convincing - convincente
cooking - cucina
cooks - cucina
copied - copiato
copying - copiare
cord - cavo, il
corner - angolo, l'
correct - corretto
correctly - per bene
cost - costa
couch - sofà, il
could - potrebbe
country - paese, il
courier - corriere, il
court - tribunale, il
crashed - schiantato
crawling - strisciare
cream - crema, la
cries - urla
crocodile - coccodrillo, il
crosses - si fa il segno della croce
cry - piangere
crying - urlando
cuisine - cucina, la
culinary - culinario
cup - ciotola per bere, la
curious - curioso
customs - usi, gli; costumi, i
cut - tagliate
cutting the line - saltare la fila
dad - padre, il; papà, il
daddy - papà, il
dangerous - pericoloso
daring - audace
dark - buio
darling - tesoro, il
daughter - figlia, la
day - giorno, il

daybreak - alba, l'
days - giorni, i
dear - caro
decided - deciso
decides - decide
decorations - decorazioni, le
deep - profondo
defect - difetto, il
definitely - definitivamente
deletes - cancella
delicacy - prelibatezza, la
delicious - delizioso
delivery service - servizio di consegna, il
demanding - che chiede
demands - chiede
dental surgery - clinica odontoiatrica, la
dentist - dentista, il
departing - in partenza
department - facoltà, la ;istituto,l'
departs - parte
deputy - vice, facente funzioni di
deserved - meritato
desk - tavolo, il; banco, il; scrivania, la
despair - disperazione, la
detail - dettaglio, il
detain - fermare
dials - compone
did - fece
didn't - non fece
different - diverse
difficult - difficili
difficulty - fatica, la
dinner - cena, la
direction - direzione, la
directly - proprio
director - direttore, il
dirty - sporca
disciplined - disciplinato
discontentedly - scontento
discuss - discutono
dish - piatto, il; portata, la; ricetta,la
dismiss, fire - licenziare
dismissal - licenziamento, il
dispatchers - centralino, il

dispute - disputa, la
distinctly - distintamente, chiaramente
do - fare
doctor - medico, il; dottore, il
documents, papers - documenti, i
does - fa
doesn't - non fa
dog - cane, il
dog's - del cane
doghouse - cuccia, la
doing - fa
doll - bambola, la / bambolotto, il
doll's - letto per le bambole, il
dollars - dollaro, il
don't - non faccio
don't worry - non si preoccupi
done - fatto
door - porta, la
doorbell - campanello della porta, il
doors - porte, le
dorms - casa dello studente, la
doubt - dubitare
down - verso il basso
drawer - cassetto, il
dream - sogno, il
dreaming - sogna
drink - bere
drinking - bevendo
drinks - beve
driver - conducente, il
drives - guida
driving - guida
drop by - andare a vedere
drops - fa cadere
during - durante
dust - polvere, la
each - ogni
earlier - prima
early - presto
earn - guadagnare
easier - più facile
easily - semplicemente
easy - chiaro; scorrevole
eat - mangiare

eating - mangiando
eight - otto
eight-year-old - di otto anni
either ... or - o... o
elderly - anziano
electric - elettrico
electronics - elettronica, l'
elevator - ascensore, l'
eliminate - elimina
e-mail - email, la
embarrassment - imbarazzo, l'
emotionally - con emozione
employee - impiegato, l'
end - fine, la
ended - concluso
endless - senza fine
engine - motore, il
English - inglese, l'
enjoy - godersi
enter - entrare
enthusiastically - con entusiasmo
entire - tutto, intero
envelope - busta da lettera, la
environment - ambiente, l'
especially - particolarmente
essays - saggi, i
eternity - eternità, la
even - persino, perfino
evening - sera, la
ever - mai
every - ogni
everybody - tutti
everyone - tutti
everything, whole - tutto
exactly - esattamente
exam - esame, l'
examining - esamina
excellent - eccellente
exchange - scambiare
excitedly - eccitati
excrements - escrementi, gli
Excuse me - mi scusi
executioner's - giustiziere, il; boia, il
exercise - esercizio, l'

exhibition - esposizione, l'
exit - uscita, l'
exotic - esotico
expect - aspettati
expensive - costoso, caro
experience - esperienza, l'
explains - spiega
explanation - spiegazione, la
explosion - esplosione, l'
expression - espressione, l'
eyes - occhi, gli
face - viso, il; faccia, la
fact - fatto, il
fainted - svenne
faints - sviene
fall - addormentasi
family - famiglia, la
famous - famoso
fans - fan, i
far - lontano, distante
fat - grasso
father - padre, il
fatter - più grasso
faucet - rubinetto, il
fault - colpa, la
favorite - preferite
fear - paura, la
feed - dar da mangiare
feel - sentire
feelings - sentimenti, i
feels - sente
feels sorry - a lei dispiace, le dispiace
fell in love - si è innamorata
fence - steccato, lo; staccionata, la
festive - festosa
few - qualche
fifteen - quindici
fifth - quinto
figures - figure, le
file - file, il
film, movie - film, il
finally - alla fine
find - troveremo
fine - magnifico

fine print - scritte in caratteri piccoli, le
finger - dito, il
finishes - dice infine
fired - licenziato
fireworks - fuochi d'artificio, i; botti, i
firm - ditta, la; impresa, l'
first - primo
fish - pesce, il
fishing - pescare
fit - entra, sta
five - cinque
fix - riparare
flatter - adulare
flight - volo, il
flip - sfogliano
flood - allagamento, l'
floor - pavimento, il
flowerbed - aiuola, l'
flowers - fiori, i
fly - volare, predere un aereo
foil - pellicola, la; carta da cucina, la
following - seguente
follows - segue
food - mangime, il; cibo, il
foot - piede, il
for - per
forest - bosco, il
forgets - dimentica
forgive - perdonare
forgiven - perdonato
forgot - dimenticò
forgotten - dimenticato
fork - forchetta, la
form - modulo, il
former - ex
forty - quaranta
forum - forum, il
found - trovato
four - quattro
fourth - quarto
frailness - caducità, la
Friday - venerdì, il
fridge - frigorifero, il
friend - amico, l'

friends - amici, gli
frightened - impaurita
from - da
frown - corrugamento della fronte, il
fruits - frutti, i;
fry - friggere; arrostire
full - pieno
funny - divertente
furious - furioso
furiously - ferocemente
further - più avanti
game - gioco, il
garbage - spazzatura, la; immondizia, l'
garden - orto, l'; giardino, il
gate - portone, il
gather - raccogliere
gaze - sguardo, lo
gently - dolcemente
get a good night's sleep - dormire senza
interruzioni
get up - alzarsi
gets off - viene fuori, esce
gets scared - si spaventa
getting - diventa
gifts - regali, i
girl - ragazza, la
give - regalare
given - dato
gives - dà
giving - regala
glad - felici
glad, happy - allegro
gladly - contento
glances - sguardi, gli
glancing - tenere sott'occhio
glue - colla, la
gluing - incollare
go - andare
god - dio, il
goes - va
going on - succede
goldfish - pesce rosso, il
gone - sparita
good - buono

got - ricevere
gotten - ricevuto
grabs - prende
grade - classe, la
grease - spalmare, ingrassare
great - grande
Greece - Grecia
greets - saluta
grow - raggiunge
growl - ringhiare, il
growls - ringhia
grows - cresce
guard - guardiano, il
guess - tentativo, il
guest - ospite, l'
guilty - colpevole
guy - ragazzo, il
had - aveva
hair - capelli, i
half - mezza
hamster - criceto, il
hands - mani, le
hang - sovrastano
hanging - pende
hangs up - attacca; riattacca (il telefono)
happened - successo
happily - allegro
harshly - bruscamente
has - ha
have - avere
he - egli, lui
head - testa, la
healthy - sano
hear - sentono
heard - viene sentito
hears - sente
heavy - pesante
Hebrew - ebraico, l'
hello - salve
help - aiutare
helps - aiuta
her - lei, a lei
here - qui, qua
herself - se stessa

hesitantly - timidamente
hi - ciao
highest - maggiore
him - lui, lo; a lui, gli
himself - si; a se stesso
hint - suggerimento, il
hire - assumere
his - suo
his cat's - del suo gatto
history - storia, la
hits - picchia
hold - tenere
holding - preso, acciuffato
holds - tiene
home - casa, la
homeless - randagio
hometown - città natale, la
homework - compito a casa, il
honestly - onestamente
hope - spero
hospital - ospedale, l'
hotel - hotel, l'
hours - ore, le
house - casa, la
household - casa, la; famiglia, la
how - come
however - però
huge - gigantesco
hugs - abbraccia
human - umano
hundred - cento
hurricane - uragano, l'
hurry - fretta, la
hurt - fare male
husband - marito, il
I - io
I'm - io sono
if - se
ill - malato
immediately - in un istante, subito
important - importante
impress - impressionare
impressed - impressionato
impressions - impressioni, le

improve - migliorare
impudence - insolenza, l'
in - in
in front of - davanti
incomprehensible - incomprensibili
incorrect - sbagliati
incredibly - incredibile
indifferent - indifferente
influence - influenza, l'
inner - interno, interiore
inquires - chiede
inscription - scritta, la
inside - interiorità, l'
install - montato
instead - al posto di
intellect - intelligenza, l'
intelligence - intelligenza, l'
interest - interesse, l'
interested - interessati
interesting - interessante
Internet - internet
interrupts - interrompe
intersection - incrocio, l'
into - in, dentro
introduces - presenta
invents - si inventa
invites - invita
iron - ferro da stiro, il
is - è
isn't - non è
issue - edizione, l'; numero, il
it - esso
it's - esso è
it's a pity - è un peccato
its - suo
itself - si, a se stesso
Jerusalem - Gerusalemme
job - lavoro, il
jogging - fare jogging
joining - entrando
joke - scherzano
journalism - giornalismo, il
joyfully - contenta, felice
judge - giudice, il

juice - succo, il
July - luglio
jumps - salta
jurisprudence - giurisprudenza, la; diritto, il
just, only - solo
justice - giustizia, la
keeps - tiene
kill - uccidere
kilogram - chilogrammo, il; chilo, il
kind - amabile, gentile
kindergarten - asilo, l'
king - re, il
kisses - bacia
kitchen - cucina, la
knew - ho saputo, sapevo
know - sa
knowing - sapendo
knowledge - sapere, il
knows - sa
landscape - paesaggio, il
language - lingua, la
laptop - laptop, il
late - tardi
lately - ultimamente
later - dopo
laugh - ridono
laughing - ridendo
laws - leggi, le
lazy - pigro
leads - porta
learned - imparato
leash - guinzaglio, il
leather - cuoio, il; pelle, la
leave - lasciare
lectures - lezioni, le
left - lasciato
legs - gambe, le; zampe, le
length - lunghezza, la
lesson - lezione, la
let - lascia
letter - lettera, la
level - livello, il
library - biblioteca, la

lid - coperchio, il
lies - sta sdraiato
life - vita, la
light - illuminarsi
like - fare volentieri qualcosa
likes - piacere, amare
listening - ascolta
listens - ascolta
literature - letteratura, la
little - piccolo
lives - vive
living room - salotto, il
loading - caricare
loads - carica
loaf - pagnotta, la; forma, la
local - del luogo
lock - chiudono
log out - uscire da un account
long - lunghi
look - guardare
looking - vede
looks - osserva
lose - perdere
loss - perdita, la
lost - perdersi
loudest - più forte
loudly - rumoroso, chiassoso
love - amare
loves - ama
low - basso
lower - più basso, verso il basso
lowermost - più basso
luck - fortuna, la
luggage - bagaglio, il
lunch - pranzo
lying - sdraiato
Madam - signora, la
magazines - rivista, la
magnificent - magnifici
main - più importante, centrale
man - uomo, l'
manager - direttore
manages - cavarsela
manjaw - mandibola, la

market - mercato, il
marks - voti, i
married - sposati
marry - sposare
Mars - Marte
masks - maschere, le
masterpiece - capolavoro, il
mating - accoppiamento, l'
matter - questione, la
may - forse
maybe - forse
me - a me, me
meal - cibo, il
mean - ti riferisci, vuoi dire
meaning - significato, il
means - significa
meanwhile - nel frattemmpo
medical - medico
medieval - medievale
medium-sized - medio
meet - incontrare
meeting - incontrare
members - membri, i
menu - menù, il
meows - miagola
merrily - felice
message - messaggio, il
met - incontrati
metal - metallo, il
meters - metri, i
mice - topi, i
middle - centro, il
millions - milioni, i
mind - mente, la
minutes - minuti, i
mirror - specchio, lo
misses - sente la mancanza di
missing - mancare, essere privo di
mistake - errore, l'
mister - signore, il
mixed up - confuso
modern - moderno
modest - umile
mom - mamma, la

moment - momento, il
money - soldi, i
month - mese, il
mood - umore, l'
mop - mocio, il
more - più
more strictly - più severamente
moreover - inoltre
morning - mattino, il
most famous - più famosi
most interesting - più interessante
mother - madre, la
mountain - montagna, la
mouse - topo, il
mouth - bocca, la
move - muovere
much - molto
museum - museo, il
mushroom - fungo, il
music - musica, la
must - dobbiamo
my - mia
myself - io stesso
name - nome, il
nanny - tata, la
national - nazionale
nearby - vicino
nearest - più vicino
need - ho bisogno di
needs - ha bisogno di
neighbor - vicino di casa, il
neighboring - nei dintorni, nelle vicinanze
nervous - nervoso
never - mai
nevertheless - tuttavia
new - nuovo
news - novità, le
newspaper - giornale, il; quotidiano, il
next to - un anno fa a year ago accanto
nickname - soprannome, il
night - notte, la
no - nessuno, non,
nobody - nessuno

nods - annuisce
noise - rumore, il
noon - mezzogiorno, il
north - nord, il
not - non
note - appunto, l'
notes, il - notebooks - bloc
nothing - niente
notices - nota
now - adesso
number - targa, la
obedient - ubbidiente
objects - oggetti, gli
obligatory - obbligatorio
obvious - evidente
of course - certo, naturalmente
offer - offrire, proporre
office - ufficio, l'
often - spesso
OK - ok, va bene
okay - okay, d'accordo
old - anziana
oldest - più antica
omelette - omelette, l'
on business - per lavoro
ooh - oh
Opel - Opel, l'
open - aprire
opinion - opinione, l'
option - possibilità, la
or - o, oppure
ordinary - comune, ordinaria
organization - organizzazione, l'
other - altro
ou're - tu sei; Lei è (forma cortese)
our - nostri
out - fuori
outraged - indignazione, l'
outside - fuori
outward - esteriore
oven - forno, il
over - su, riguardo a
overcome - superare
overtakes - sorpassa

own - proprio
owner - proprietario, il
owners - proprietari, i
pack - fare le valigie
package - confezione, la
packet - pacchetto, il
paid a compliment - fatto un complimento
painting - dipingere
pale - pallido
parents - genitori, i
park - parco, il
pass - passare
passes - passa
passion - passione, la
past - davanti
patiently - pazientemente
paw - zampa, la
pay attention - degnano di uno sguardo
pays a visit - fa una visita, visita, va a trovare
peace - pace, la
people - dipendenti, i
perfectly - perfetto
perhaps - forse
period - periodo, il
person - persona, la
pet - animale domestico, l'
pets - animali domestici, gli
petting - accarezzando
phone - telefonare
phones - telefona
photos - foto, le
phrase - frase, la
pick - raccogliere
picnic - picnic, il
picture - quadro, il
pile - pila, la
place - posto, il
plane - aereo, l'
plastic - plastica, la
plate - piatto, il
platform - banchina della stazione degli autobus, la

play - giocare
played - giocato
plays - gioca
please - prego
pleasure - piacere, il
plug - spina, la
poems - poesie, le
poetry - poesia, la
point - punto, il; posto, il
points - indica
policeman - poliziotto
politely - cortese
poor - pessimo, cattivo
poorly - male
porcelain - porcellana, la
possible - possibile
post - scrivere un post, postare
postcards - cartoline, le
praise - lodare
prank - scherzo, lo
pray - pregare
prepare - preparo
preparing - accingersi, avviarsi
present - regalo, il
presses - preme, pigia
pretty - piuttosto
print - stampa, la
probably - probabilmente
probation period - periodo di prova, il
problem - problema, il
professional - professionista, il
professor - professore, il
profile - profilo, il
proud - orgogliosa
proudly - fiera
prove - provano
public - pubblico
pulls - tira
purchases - acquisti, gli
purring - che fa le fusa
pushing - spingere
put - mettere
questions - domande, le
quickly - velocemente

quiet - silenzioso
quietly - delicatamente
quite - piuttosto
quiz - interrogare
radio - ricetrasmittente, la
random - per caso
rare - raro
rarely - di rado
rats - topi, i
reach - raggiungere, arrivare a
react - reagire
reading - legge
reads - legge
ready - pronte
real - davvero
realizes - si accorge, capisce
really - davvero
recalls - ricorda
receive - riceve
recently - recentemente
recipe - ricetta, la
recognize - riconosco
recommends - raccomanda
red - rosso
refuses - si rifiuta
relative - parente, il
remain - rimangono
remember - ricordare
remind - ricordi
repeats - ripete
replies - risponde
required - prescritti
rescuer - salvatore, il
resolve - risolvere
rest - pausa, la
restaurant - ristorante, il
restless - irrequieto
retells - ripete
returns - torna
revenge - vendetta, la
revive - resuscitare, rianimare
right here - g qui
ringing - squillare
rings - suona

rips - si lacera
risk - rischio, il
river - fiume, il
road - via, la
robert's - di Robert
romantic - romantica
room - stanza, la
rope - corda, la
rubber - gomma, la
run - corre
running - corsa, la; correre, il
runs - corre
rushed - avventato contro
sad - triste
sadly, upset - triste
said - detto
Saint - Santo, il
salary - stipendio, il
salesman - venditore, il
saleswoman - commessa, la
same - stesso
samples - campioni, i
satisfied - soddisfatto, contento
sausage - salame, il; affettati, gli
saved - salvato
saw - visto
says, telling - dice
scene - scena, la
school - scuola, la
schoolmate - compagno di scuola, il
scissors - forbici, le
scolding - biasimare
scolds - sgrida
scoundrel - furfante, il
screen - schermo, lo
sculpture - scultura, la
sea - mare, il
seals - chiude
seat - posto a sedere, il
second - secondo
secretary - segretario, il; segretaria, la
secretly - di nascosto
see - vedere
seems - sembra

sees - vede
seldom - di rado; raramente
sell - vendere
send - mandare
sense - ragione, la
sensible - sensate
sent - chiamato
sentences - frasi, le
separated - separato
serious - serio
seriously - serio
settles down - mettersi comodo
seventy - settanta
several - alcuni
shakes - scuote
shall - dovere
shaman - sciamano, lo
she - lei
sheet - foglio, il
shining - splende
shoes - scarpe, le
shop - negozio, il
short - brevemente
should - dovrebbe
shouting - urlare
shouts - urla
shown - raffigurate
shows - mostra
shy - timido
shyly - timidamente
sick - malato
side - lato, il
sighs - sospira
sights - bellezze da vedere, le
silent - in silenzio
silly - stupido
similar - simile
simple - semplice
simply - semplice
since - dal
sing - cantano
singing - cantando
single - un solo
sis - sorellina, la

sister - sorella, la
sits - si siede
sitting - sta seduto, siede
situation - situazione, la
six - sei
size - taglia, la; grandezza, la
sleep - dorme, dormire
sleeping - dormendo
sleepy - assonnato
slowly - lentamente
sly - furbo
slyly - furbo
small - piccolo
smart - intelligente
smell - profumo, il
smiles - sorride
smoke - fumo, il
snack - spuntino, lo
snowing - nevica
so - così
socket - presa elettrica, la
sold - venduti
solution - soluzione, la
some - alcuni
somebody - qualcuno
someone - qualcuno
something - qualcosa, un po'
sometimes - qualche volta
somewhere - da qualche parte
son - figlio, il
soon - presto
soul - anima, l'
sounds - suona
soup - zuppa, la
Spanish - spagnolo, lo
spare time - tempo libero, il
Sparta - Sparta
speak - parlare
speaks - parla
specialty - specialità, la
speed - velocità, la
spend - trascorrono
spending - spendere
spends - passa, trascorre

spirit - spirito, lo
splashes - spruzza
splattered - sporco; schizzato
spoil - rovinare
spoke - detto
spot - scoprire
spring - primavera, la
stabs - infilza
stairs - scale, le
stands - sta
stares - fissa
starts - inizia
station - stazione degli autobus, la
stay - rimanere, stare, restare
stays - rimane
stepped - saliva
sticking out - sporgenti, che sporgono
still - ancora
stolen - rubate
stop - smettere
store - negozio, il
stories - storie, le
story - storia, la
straight - direttamente
strain - sforzo, lo
strange - strano
strangely - in modo strano
street - strada, la
stretch - tendere, allungare
strict - severo
strictly - severo
strong - forte
strongly - robusta, forte
student - studente, lo; studentessa, la
studies - studi, gli
study - studiare
studying - studia
stupid - stupido
style - stile, lo
subject - materia d'insegnamento, la
subway - metropolitana, la
succeeds - ci riesce
successfully - con successo
such - tale

suddenly - improvvisamente,
all'improvviso
suggests - suggerisce
suitable - adatto
suitcase - valigia, la
suitcases - valigie, le
sum - somma, la
summer - estate, l'
sun - sole, il
sunbathing - prendere il sole, fare un bagno di sole
Sunday - domenica, la
supermarket - supermercato, il
supervising - sorvegliando
supports - sorregge
supposes - suppone
sure - sicuro
surgery - studio medico, lo
surprise - sorprendere
surprised - sorpreso
sweets - dolci, i
swimming - nuotare
swimming pool - piscina, la
swimsuit - costume da bagno, il
switch off - spegnere
symbol - simbolo, il
table - tavolo, il
tablet - tablet, il
tail - coda, la
take - prendere
takes - prende
taking - parla
talent - talento, il
talk - parlare
talking - che parla, parlante
talks - parla, dice
tall - alta
task - compito, il
taste - provare
tasty - gustoso, appetitoso
taxi - taxi, il
taxi service - servizio taxi, il
tea - tè, il
teacher - professore, il

teaches - insegna
telephone - cellulare, il
tells - racconta
temper - temperamento, il
temporary - temporaneamente
ten - dieci
tenth - decimo
term - chiamerebbe, espressione, l'
terrible - terribile
terribly - terribilmente
test - test, il
text - testo, il
textbook - libro di testo, il
than - di
that - che
that's - è così
the - il, lo; la
their - i loro
them - loro, a loro
themselves - loro stessi
then - poi
there - là
these - questi
they - loro
thing - cosa, la
thinks - pensa
third - terzo
thirteen - tredici
this - questa
those - questi
though - tuttavia
thought - pensava
thoughtfully - meditabondo
thoughtlessly - sconsideratamente
thoughts - pensieri, i
thread - filo, il
three - tre
three o'clock - ore tre
threw - tirato violentemente; lanciato
through - attraverso
throw out - gettare via
ticket - biglietto, il
tie - legare
ties - lega

tight - forte
tightly - saldamente
till - fino
tilted - inclinato
time - tempo, il (cronologico)
tiptoe - punte dei piedi, le
tired - stanca
to - in, verso, da
today - oggi
together - insieme
told - detto
tomato - pomodoro, il
tomorrow - domani
tone - tono, suono
too - anche
took - prese
tooth - dente, il
toothache - mal di denti, il
top - punta, la; cima, la
top-notch - di prima classe, di prima categoria
tore - strappò
tourniquet - laccio emostatico, il
towards - verso
towel - asciugamano, l'
town - città, la
toys - giocattoli, i
traditions - tradizioni, le
train - treno, il
trained - allenato
tram - tram, il
translate - tradurre
translation - traduzione, la
transportation - mezzi di trasporto, i
trash - spazzatura, la
traveling - parte
treats - cura
tree - albero, l'
tries - tenta
triumphs - trionfa
trucks - camion, i
true - vero
trunk - bagagliaio, il
truth - verità, la

try - tentare
try hard - impegnarsi molto
trying - tenta
tube - tubetto, il
tulips - tulipani, i
tunnel - galleria, la; tunnel, il
turns - volta, gira
twenty - venti
Twitter - Twitter
two - due
un po' - slightly
unchecked - non corretto
uncivilized - incivile
uncle - zio, lo
under - sotto
understands - capisce
understood - capì; capito
uneasy - inquieta
unexpectedly - inatteso, inaspettato
unfortunately - sfortunatamente
uniform - uniforme, l'
university - univesità, l'
unpleasant - spiacevole, sgradevole
unusual - non comuni
unusually - insolitamente
urgently - urgentemente
us - ci, a noi
uses - usa
using - utilizzando
usually - normalmente
vacation - vacanza, la
vaccinations - vaccinazioni, le
valuable - prezioso
various - diverse
vegetables - la verdura
village - villaggio, il
visiting - sta facendo visita
visits - visita
voice - voce, la
wadding - imbottitura, l'
wait - aspettare
waiter - cameriere, il
waiting - aspetta
wakes up - si sveglia

walk - passeggiata, la
walk the dog - andare a passeggio con il cane
walking - camminando, passeggiando
want - volere
wants - vuole
warn - avvisare
was - era
washes - lava
wasn't - non era
waste - sprecare
watch - fare la guardia, badare a
watches - osserva
watching - osserva
water - acqua, l'
way - modo, il; maniera, la
we - noi
weather - tempo, il (metereologico)
Wednesday - mercoledì, il
week - settimana, la
weekend - fine settimana, il
well - bene
well-fed - ben nutrito
went - andò
were - fossi, saresti
what - cosa
wheel - ruota per correre
when - quando
where - dove, in cui
which - quale
while - mentre
white - bianco
who - chi
why - perché
wide-eyed - con gli occhi sgranati
widely - molto
wife - moglie, la
window - finestra, la ; finestrino, il
wipe off - pulire
wisest - più saggio in assoluto
with - con
without - senza
woman - donna, la
wonder - meraviglia

wonderful - meraviglioso
wood - legno, il
word - parola, la
work - lavoro, il
working - lavorare
workplace - posto di lavoro, il
works - lavora
worried - preoccupata
worry - preoccupazione, la
would - lascerebbe
wrap - avvolgere; impacchettare
writer - scrittore, lo
writes - scrive
written - scritto

wrote - scrisse
yard - cortile, il
year - anno, l'
years - anni, gli
yellow - gialle
yes - sì
yesterday - ieri
yet - già
you - tu, Lei
you're welcome - di nulla
young - giovane
younger - più giovane, minore
your - tuo
Zeus - Zeus

Recommended reading

First Italian Reader for Beginners
Bilingual for Speakers of English
Elementary Pre-intermediate (A2 B1)

The author maintains learners' motivation with funny stories about real life situations such as meeting people, studying, job searches, working etc. The ALARM method utilizes the natural human ability to remember words used in texts repeatedly and systematically. The audio tracks are available inclusive online.

First Italian Reader Volume 2
Bilingual for Speakers of English
Elementary (A2)

This book is Volume 2 of First Italian Reader for Beginners. There are simple and funny Italian texts for easy reading. The book consists of Elementary course with parallel Italian-English translation. The audio tracks are available inclusive online. With the help of QR codes, call up an audio file without manually entering web addresses.

Second Italian Reader
Bilingual for Speakers of English
Elementary Pre-intermediate (A2 B1)

A private detective is following the girl he is in love with. A former air force pilot, he is discovering some sides in the human nature he can't deal with. Through the method used in the book, readers will be able to enhance their ability to remember the words that has been incorporated into consequent sentences from time to time.

Learn Italian Language Through Dialogue
Bilingual for Speakers of English
Beginner (A1)

The textbook gives you many examples on how questions and answers in Italian dialogue should be formed. It is easy to see the difference between Italian and English using parallel translation. Common questions and answers used in everyday situations are explained simply enough even for beginners. The audio tracks are available inclusive online. With the help of QR codes, call up an audio file without manually entering web addresses.

Made in United States
Orlando, FL
30 October 2023